Hablan en otras lenguas

(*They Speak with other tongues*)

Por John Sherrill

Hablan en Otras Lenguas

(They Speak with Other Tongues)

John Sherrill
Traducido por Eliud A. Montoya

PALABRA PURA
palabra-pura.com
2025

Hablan en otras lenguas, por John Sherrill

They Speak with Other Tongues Copyright (c) 1964. Originally published in English under the title, *They Speak with Other Tongues* by John Sherrill. Published by Chosen Books LLC., Mount Kisco, New York USA. All rights reserved.

Copyright © 2025 (traducción en español) Eliud A. Montoya

ISBN: 978-1-951372-56-9
Paperback / pasta blanda

Las citas bíblicas de esta publicación han sido tomadas de la Reina Valera 1960 ™. © Sociedades Bíblicas en América Latina, 1960. Derechos renovados 1988, Sociedades Bíblicas Unidas. Utilizado con permiso.

A reserva de algunas citas breves en libros, artículos y críticas literarias (mencionando la fuente), ninguna parte de este libro puede ser reproducida en ninguna forma por medios mecánicos o electrónicos, incluyendo almacenaje de información y sistemas de reproducción sin permiso previo por escrito del editor.

Apreciamos mucho HONRAR los derechos de autor de este documento y no retransmitir o hacer copias de este en ninguna forma (excepto para el uso estrictamente personal). Gracias por su respetuosa cooperación.

Diseño del libro: Editorial Palabra Pura
www.palabra-pura.com

RELIGIÓN/ Vida Cristiana/ Neumatología

Impreso en los Estados Unidos de América
Printed in the United States of America

TABLA DE CONTENIDO

vi —*Prefacio*

Prólogo— viii

1 —**Capítulo 1**. El salto

Capítulo 2. La extraña historia de Harald— **11**

23 —**Capítulo 3**. Un testigo sorpresa

Capítulo 4. La locura de Stone—30

43 —**Capítulo 5**. Una manera loca de crecer

Capítulo 6. Los muros se derrumban— 52

73 —**Capítulo 7**. Una visita de Lidia

Capítulo 8. ¿Por qué alguien querría hablar en lenguas?— 86

98 —**Capítulo 9**. La historia de un detective

Capítulo 10. El bautismo en el Espíritu Santo— 115

130 —**Capítulo 11**. Habitación #405

Capítulo 12. A través de la puerta roja— 139

150 —**Capítulo 13**. Uniendo lo viejo con lo nuevo

Epílogo— 158

PREFACIO

Un día del verano de 2003 me encontraba deshierbando el jardín de vegetales de mi casa en Holanda cuando el teléfono timbró. El jardín de vegetales es el lugar a donde voy cuando encaro algún gran problema y no quiero que nadie me moleste. El teléfono continuó timbrando hasta que, finalmente, corrí a la casa, aventé mis zapatos de madera en la entrada y levanté el auricular.

Se trataba de mi amigo John Sherrill, quien llamaba desde Nueva York para informarse de cómo me había ido en el viaje. John y su esposa Elizabeth son quienes oran por mí mientras viajo por el mundo musulmán, y la noche anterior apenas había regresado de Palestina. «Fue el viaje más difícil que he tenido» —le dije a John—, «todo mundo quiere venganza, pero nadie quiere escuchar a la otra parte» —y proseguí diciendo— «cristianos, judíos y musulmanes, todos se amenazan unos a otros, y el resto del mundo también».

La voz de John tenía un tonito sonriente. «No es la primera vez, Andrés, se trata de las mismas cosmovisiones encontradas, y tú has estado en medio». En ese momento mi mente se trasladó a los días cuando John y Tib viajaron conmigo a través de la cortina de hierro y de bambú, en un tiempo cuando los enemigos amenazaban al mundo con aniquilarlo. En aquel entonces —como ahora— necesitábamos un lenguaje que no viese fronteras ni límites raciales ni culturales, el lenguaje del Amor que sobrepasa todo entendimiento.

Toda vez que John, Tib y yo estuviéramos en una situación «sin esperanza» en esos lugares —en donde el temor y la desconfianza hacen de la comunicación ordinaria imposible—, nosotros orábamos calladamente, en secreto, orábamos «en el Espíritu», y observábamos como las puertas cerradas con candado se abrían, las barreras se desvanecían, y se creaban amistades prohibidas. Esta es la manera en que más oro hoy, detrás de las cortinas de división y odio que causa la religión en el Medio Oriente; y esa oración son las palabras de Dios mismo, palabras de paz y esperanza en medio de gritos furiosos.

Mientras John y yo continuábamos recordando, entendí que nunca este lenguaje de oración tuvo tanta importancia: interceder por un mundo repleto de ideas encontradas. Ya que, el hablar en lenguas traslada una situación de necesidad a una nueva dimensión. Es un lenguaje de amor que utiliza el lenguaje propio de Dios para traer el poder sanador del Espíritu Santo a cualquier problema.

Hermano Andrés
Autor de *El contrabandista de Dios*, un *bestseller* internacional

PRÓLOGO

En los últimos treinta días al menos cuatro personas me han preguntado lo mismo: «¿Podemos hablar un minuto? ...» Todos estos han formulado la misma pregunta después de leer por primera vez el libro *Hablan en otras lenguas*: quieren saber lo que ha sucedido desde el tiempo en que este libro fue escrito. Actualizaré la historia en las últimas páginas, pero han sido las preguntas de estas cuatro personas las que me han dado una nueva perspectiva y no precisamente mis respuestas.

La primera persona se trató de un joven programador de computadoras de California quien deseaba saber en dónde podría encontrar un grupo de oración carismático en su área. Tuve para él algunas sugerencias, pero cuando intentó agradecerme, fui yo quien le agradecí por ayudarme. «Sí, una nueva, fresca y fascinante vida en el Espíritu es más que simplemente un fenómeno que sucedió en los años 60», le dije, «y desde entonces debe de comunicarse a cada generación en su propio lenguaje». El entusiasmo presente en la voz de este muchacho de 26 años me ha dicho que el Espíritu Santo está siempre al día.

La segunda persona que me hizo esta pregunta fue un plomero que estuvo en mi casa para reparar una tubería rota. En ese momento estaba una copia de *Hablan en otras lenguas* sobre mi escritorio (pues era el tiempo en que trabajaba en la actualización del libro), y él se intrigó con el título. Le regalé esa copia. Luego, una semana después, ese mismo hombre tocó a mi puerta con un intenso deseo de hablar conmigo. «La mayoría de estas personas no eran del tipo intelectual, sino simplemente sujetos como yo», dijo él. Y una vez más, su comentario me dio una nueva visión: esta vez respecto al espectro educacional de la gente cuyas vidas han sido transformadas mediante un encuentro con el Espíritu Santo.

La tercera persona que quiso hablar conmigo era una mujer joven originaria del Caribe. Ella había escuchado una discusión sostenida en un show televisivo que hablaba del libro, y quería saber más de ello. En la iglesia que tenía en su casa nunca antes había escuchado de la renovación de los dones espirituales y sentía que su familia opondría resistencia a ello. «El movimiento Pentecostal de hoy», le dije, «comenzó en una iglesia afroamericana en Los Ángeles». La determinación que observé en los ojos de esta joven brillante me indicó que el Espíritu Santo está por encima de las barreras raciales, culturas y geográficas, tanto como lo está de las educativas.

La cuarta conversación la inició un diácono de la Iglesia Episcopal. «Te invito a comer», me dijo. Al leer el libro, él deseaba esa clase de vida para su parroquia. El interés que este hombre tuvo me causó deleite, pues siempre he creído que la vida renovada del Espíritu nunca ha sido exclusiva de grupos disidentes, ni tiene la etiqueta de una denominación, sino más bien, esta debería ser integrada al trabajo cotidiano y a la adoración de todas las iglesias. *No te preocupes en lo absoluto, yo jamás dividiré*, estas fueron las palabras que me pareció escuchar del Espíritu. Mi trabajo es siempre unir.

Fueron cuatro personas con la misma pregunta y cuatro encuentros. Ahora, permíteme narrarte cómo empezó todo.

CAPÍTULO I

El salto

Era una mañana de 1959. Iba silbando mientras me dirigía a una cita médica de seguimiento, caminando por la banqueta de la calle Park Ave. Me detuve frente a la puerta del número 655, y entrando, solicité la ayuda de la recepcionista (ella es ahora una vieja amiga). Había estado acudiendo a la oficina del Dr. Daniel Catlin una vez por mes desde que fui operado de cáncer, y siempre era lo mismo: los hábiles dedos del doctor recorrían mi cuello; luego, me daba una palmadita en la espalda y me decía: «Te veo en un mes».

Pero no fue así ese día. Esta vez, sus dedos se detuvieron, pincharon, y trabajaron por un buen tiempo; y yo terminé con una cirugía programa en el Memorial Sloan-Kettering Hospital para el día siguiente.

¡Qué diferente mañana primaveral había sido aquella en comparación de las anteriores! Ahora caminaba la misma calle de regreso, el mismo sol estaba brillando, pero yo me encontraba invadido por un miedo frío y aturdidor. Yo conocía este miedo; todos los pacientes de cáncer lo conocen; pero lo controlamos, lo controlamos con algunos trucos mentales. El mío se trataba de la noción de que no había razón para preocuparse por la operación, y solo si me volvieran a llamar, hasta entonces me preocuparía. Por tanto, ante esto, ya no podía contener el miedo, la razón había huido y yo me encontraba solo frente a él. Me escurrí en la primera iglesia que encontré; buscaba oscuridad y privacidad. Era la iglesia episcopal de St. Thomas, en la calle 5th. Cuando entré sonaron las campanadas del medio día, y para mi sorpresa, un coro de niños vestidos de blanco estaba llenando las gradas de la plataforma; y en cuestión de minutos, un joven seminarista subió al púlpito. Volteé la vista y así, di con una tarjeta en la banca que decía: meditación de mediodía (tiempo de Cuaresma).

No lo sabía en ese momento, pero este breve discurso encerraría la clave de la experiencia más sorprendente de mi vida.

Por ese tiempo, todo esto parecía totalmente irrelevante a mi problema. El joven habló brevemente sobre Nicodemo. «Muchos de nosotros», dijo él, «tratamos de acercarnos a Cristo como lo hizo Nicodemo: mediante la lógica: "Rabí, sabemos que has venido de Dios como maestro", luego proveyó una lógica para su aseveración: "porque nadie puede hacer las señales que tú haces, si no está Dios con él" [Juan 3:2, LBLA]».

«Como pueden ver», continuó el seminarista, «Nicodemo trató de entender a Cristo con su lógica, sin embargo, jamás pudo entenderlo de ese modo; pues no se trata de una lógica, sino de una experiencia: la experiencia es lo que nos permite conocer quién es Cristo. Fue así que Cristo le dijo: "En verdad, en verdad te digo que el que no nace de nuevo no puede ver el reino de Dios"» (v. 3).

En aquel tiempo, como ya lo he dicho, todo esto no significaba absolutamente nada para mí; e incluso, ni siquiera al escuchar estas mismas palabras la mañana siguiente. Mi esposa Tib y yo tomábamos una taza de café después de una noche en vela, entonces el teléfono timbró. Era nuestra vecina, la escritora Catherine Marshal LeSourd.

«John», dijo ella, «¿podrías tú y Tib venir a donde estoy para charlar por unos minutos? Lo he escuchado todo, y hay algo que me gustaría compartir contigo».

Catherine nos abrió la puerta vestida de una bata, portando un rostro serio y sin maquillaje, cosa que decía más que las palabras: ella estaba profundamente preocupada. Nos guio a la sala, cerró la puerta y sin preámbulos nos dijo:

«Lo sé, esto es atrevido; pero hablaré de tu vida religiosa, aunque no tengo derecho de asumir que esté incompleta. Después de todo, tú has sido escritor para el *Guidepost* [una publicación devocional] por diez años. Sé que has sido un estudioso de los diferentes aspectos de la religión, pero te diré algo: hay mucho más que solo eso ...».

En ese momento miré a Tib. Ella estaba ahí, como petrificada.

«John», dijo Catherine, «¿tú crees que Jesús fue Dios?»

Esta fue la última pregunta en el mundo que esperaría escuchar. Habría supuesto que ella tendría algo que decir respecto a Dios como Sanador; o de la oración, que esta es una herramienta maravillosa para deshacernos del temor y enfrentar una crisis. Sin embargo, ella había lanzado esta pregunta, y ahora tenía que considerar la respuesta. Tib y yo éramos cristianos en el sentido de llenar el blanco que dice «religión», ahí escribiríamos «protestante»: asistíamos con regularidad a la iglesia, enviábamos a nuestros tres niños a la Escuela Dominical. Sabía que estos eran nuestros hábitos; sin embargo, nunca había considerado con seriedad si Jesús de Nazaret era en realidad Dios. Y ahora, cuando intenté responder a esta pregunta, se interpuso ante mí una montaña de lógica. Comencé pues con mis primeros trazos mentales, pero Catherine me interrumpió.

«Estás tratando de acercarte al cristianismo mediante tu mente, John», dijo ella, «Y simplemente esa no es la forma».

¡Otra vez la misma idea! Ahora a través de Catherine. «Esa es una de las particularidades del cristianismo, que no puedes acercártele mediante el intelecto. Antes que todo tú tienes que estar dispuesto a tener una experiencia respecto a algo que no entiendes, y luego, por extraño que parezca, lo entenderás después. Y esto es precisamente lo que espero que suceda contigo hoy, que, sin entenderlo, sin saber por qué, tú digas que sí a Cristo».

En ese momento hubo un silencio en el cuarto. Tenía una larga lista de reservas; aunque, al mismo tiempo, tuve un repentino deseo de hacer precisamente lo que ella me estaba sugiriendo. La mayor de todas estas reservas, lo diré con franqueza, era esta: simplemente no me parecía correcto haberme acobardado toda una vida para luego venir corriendo al saber que tengo cáncer, precisamente al estar entre la espada y la pared.

«Sería un hipócrita», le dije.

«John» contestó ella casi susurrando, «eso es orgullo. Tú quieres venir a Dios a tu manera. Cuando quieras y como quieras. Fuerte y sano. Tal vez, Dios quiera que vengas a Él ahora, sin una pizca de elogio público».

Hablamos por quizá media hora más, y cuando nos fuimos, no fui capaz de dar ese paso que parecía ser tan crucial. No obstante, después de unos instantes, cuando estuvimos en el auto y cuando estuvimos cerca de un poste telefónico en la calle Millwood en Chappaqua (Nueva York), —un poste que puedo recordar desde entonces y hasta hoy—, torné mi mirada a Tib y le dije en voz alta: «¿Qué es eso a lo que ellos llaman "acto de fe"? Está bien, actuaré en fe: creo que Cristo es Dios».

Fue una exposición a sangre fría de mi sentido de lo que era lógico, carente de convicción emocional. Y con ello se adosó algo que era esencialmente mi *yo*. Todo aquello a lo que llamamos «ego» parecía de alguna manera muy involucrado en esta decisión. Es asombroso el dolor que sentí mientras mi ego luchaba desesperadamente por sobrevivir; pero cuando hubo muerto y todo estuvo en silencio, yo pude por fin expresar una sencilla declaración de fe, y hubo lugar en mí para algo nuevo, algo completamente misterioso.

La primera pista de que algo había cambiado en mí llegó sin pedir permiso cuando estuve en el hospital. Casi recién había llegado, justo antes de la operación, una ágil enfermera me puso una inyección. Desde los días que estuve en el ejército, tuve horror a las agujas, ya fueran administradas por lindas chicas o no. No obstante, esta vez, la aguja no despertó en mí ningún terror.

«Muy bien, voltéese por favor», dijo la enfermera, en su tono más profesional. Sin embargo, cuando ella terminó, su tono cambió. «¡Vaya, sí que estás relajado! Actúas como alguien que está aquí tomando unas vacaciones».

No fue sino hasta que ella terminó que me di cuenta de lo verdadera de su declaración, y de la curiosidad que esta despertaba. Estaba relajado, de verdad lo estaba, y ahí, recostado en la cama del hospital empecé a sospechar que algo muy extraordinario me había sucedido. Era como si en alguna parte secreta y sin definición dentro de mi ser yo supiera que, el resultado de la operación no tenía importancia, pues todo esto no era sino una pequeña inconveniencia dentro de una nueva y extraña existencia, la cual estaba completamente ajena a los hospitales, los cirujanos, las enfermedades y las convalecencias.

Un poco después, luego de algún papeleo, e instrucciones, fui traspuesto a una camilla. Recuerdo las expresiones de los rostros de los camilleros, y las grietas en el techo mientras ellos deslizaban la camilla. Recuerdo la luminaria fluorescente en el gigantesco elevador, la cual, por cierto, no funcionaba muy bien, pues parpadeaba. Luego hubo otras luces, unas tan brillantes que encegueciaín, direccionadas directamente sobre mi cabeza, y de entre ellas, apareció el doctor Catlin con una gorra verde. Le sonreí y él correspondió; me preguntó si estaba listo. «Listo y en espera».

Me inyectaron de nuevo, y me pareció, que tan solo un instante después, despertaba en un cuarto que jamás había visto. Ya era de noche. Había sido operando en punto de las ocho de la mañana. ¿Por qué había tomado tanto tiempo? Tubos de plástico estaban por doquier a los lados de mi pecho, y tenía un hoyo en mi tráquea. Algo que parecía una máquina zumbaba y gorgoteaba fuera de mi vista detrás de la cama.

Sentía dolor. El peor que he sentido. Estaba en mi pecho, en donde estaban los tubos. Una enfermera, al darse cuenta que había despertado, vino y me tomó el pulso. Intenté hablar, pero no pude, tan solo gesticulé en dirección a los tubos.

«El doctor le verá en la mañana; mientras tanto, trate de dormir».

Me gustaría poder decir que, después de actuar en fe, el tiempo de recuperación en aquel cuarto de hospital fueron un triunfo del alma sobre el cuerpo; pero no fue así. El dolor me desmoralizó por completo. Algo había salido mal en la sala de operaciones, y yo no tenía suficiente experiencia en la vida cristiana como para pensar algo distinto.

La mañana siguiente desperté en otro cuarto. Me di cuenta por la distinta configuración de las piezas del cielo falso, de la ventana y de las cortinas corredizas en comparación con la habitación anterior.

Los tubos continuaban adheridos a mi pecho y garganta, las máquinas continuaban balbuceando en algún lugar detrás de mi cama; pero al menos, esta vez, tuve un poco de información. El Dr. Catlin me visitó, se inclinó en dirección a la cama, y en mi estado medio inconsciente me dijo: «Ahora todo está en mejoría. Tuvimos algunas complicaciones en la sala de operaciones. Los pulmones se colapsaron. Traqueotomía. Aunque, ahora todo parece estar bien. Descansa».

Durante el día siguiente estuve semi drogado en la cama, y tan solo desperté ocasionalmente cuando fui visitado por mi esposa, mi madre y el doctor. Al final del segundo día me di cuenta de que había otros pacientes en el mismo cuarto. Uno de ellos era un hombre anciano quien tenía bastantes problemas con un tosido. Otro era un joven recién llegado al cuarto, trasladado de otro, y que se quejaba de dolor.

Esa noche, por primera vez fui capaz de pensar en orar. Traté de hablar con este Cristo que recién había empezado a creer, pero era como hablar al aire. De ninguna manera sentí que estuviera en contacto con alguien. Me preocupaban mis compañeros, el hombre con sus tosidos y el muchacho con sus dolores. Intenté orar por ellos, pero nada sucedió. Después de un rato, me quedé dormido, consciente de la soledad que cada uno de nosotros estaba experimentando.

En medio de la noche desperté. Desperté súbitamente. Noté una luz ligera proveniente del pasillo y otra de la ventana. En eso, una enfermera pasó por el umbral de la puerta con sus zapatos de goma. Mis compañeros estaban aun agitados, el uno con su tos y el otro con un quejido suave.

En realidad, no sé cómo, pero en ese momento, me di cuenta de una nueva luz. Era una luz distinta a la que entraba por la puerta y por la ventana, era, antes que ser una luz con una fuente definida, una iluminación. Pero había algo notable en esa iluminación: algo que, de alguna manera, me hacía esta sobrecogido, mas no temeroso. Había también en ella un sentido de familiaridad, algo así como si estuviera viendo un amigo de mi infancia; uno que, aunque físicamente hubiere cambiado mucho, cierto sentido holístico me hiciera reconocerlo (antes que por algún rasgo particular).

«¿Cristo?», me dije.

La luz se relocalizó ligeramente. Aunque en realidad no se movió: se acercó de repente a mí, sin moverse de donde estaba. Pensé por un momento que el dolor que estaba debajo de mis vendajes se había ido, pero no. No obstante, algo pasó en mí después de ese encuentro: era como si este encuentro me hiciera gozar de una salud plena.

Mis compañeros todavía estaban igual: el uno tosiendo y el otro quejándose. «Cristo», dije (solamente moviendo mis labios), «¿podrías ayudar a ese muchacho?». La luz no me dejó, pero en alguna extraña manera estaba ahora en la cabecera de la cama del muchacho que se quejaba de dolor. Luego una leve expresión «¡Oooh!» salió de él y se quedó en silencio.

«¿Y mi otro amigo?» La luz instantáneamente se centró en la cama del anciano mientras estaba en medio de un espasmo de tos; y la tos cesó. Entonces el anciano suspiró y se dio la vuelta. También la luz se fue.

Levanté mi cabeza tan alto como pude, en mi búsqueda de la luz que había visto, pero ya no estaba. Estaban tan solo los mismos dos rayos de luz, uno del pasillo y otro de la ventana. La enfermera volvió a caminar por el pasillo. Un auto hizo sonar su claxon afuera, en medio de la noche. La maquinaria detrás de mi cama zumbaba y resoplaba, y todo estaba como antes. Excepto que, yaciendo en una cama del Memorial Hospital, ahí estaba yo, con vendajes en mi cabeza, cuello y pecho, todavía con un dolor punzante, pero con una sensación de bienestar que nunca había tenido antes. Lloré por un largo rato, y mi llanto era de gozo.

Estuve despierto hasta el amanecer, pensando que quizá esa luz extraordinaria podría regresar, mientras en todo ese tiempo, mis compañeros dormían quietamente. Luego, cuando la enfermera vino con una bandeja de termómetros, me encontró despierto.

«Luce usted descansado», dijo ella.

«Lo estoy».

Entonces ella tornó la vista hacia mis compañeros. «Bien, está muy bien, ambos duermen, regresaré más tarde entonces».

Salí del hospital una semana antes de lo predicho por el Dr. Catlin. La recuperación de mi cuerpo fue asombrosamente rápida.

Por varias semanas después de haber regresado a casa traté de decirle a Tib la historia de mi encuentro en el hospital; pero para mi pena, cada vez que abría mi boca lo mismo empezaba a suceder: las lágrimas empezaban a surcar por mis mejillas, y sabía que, si decía una sola palabra, empezaría a llorar a gritos. No fue sino hasta que determiné que Tib tenía que saber de mi experiencia que pude lidiar con mis sentimientos y hablar.

«¿Piensas que fue un sueño?», le pregunté cuando hube terminado mi narración, empapado en lágrimas.

«No creo que un simple sueño pudiera afectarte tanto».

«Tampoco yo».

Había otras dos personas que sentía deberían escuchar la historia: Len y Catherine LeSourd. Les advertí que la experiencia que tuve sería difícil de explicar, y efectivamente, el mismo fenómeno que con mi esposa sucedió con ellos: comenzaba con naturalidad, pero a la mitad de mi narración me quedaba sin palabras.

«¿Entienden ahora lo que les advertí?», les dije, tratando de reír de mi propia pena.

Pero Len dijo: «Son esas lágrimas, John —más que ninguna otra cosa—, lo que, para mí, le da toda credibilidad. Toma tu tiempo».

«¿Has vuelto a ver la luz?» preguntó Catherine.

«No».

«Tampoco pienso que debas esperar que se repita», dijo ella. «Esta clase de reuniones cara a cara con Cristo usualmente solo suceden una vez. Me sucedió a mí de una manera similar a la tuya. Con Len fue totalmente diferente. Pero hay en todas las experiencias un común denominador asombroso: el reconocimiento inequívoco de que fue Cristo».

Luego, Catherine dijo algo bastante interesante. Algo que cuando lo repaso, fue como una especie de profecía: «Estoy contenta de que nos hayas contado, pues sirve para fijarlo en tu mente, para que, cuando llegue el tiempo en que no parezca ser real, vuela a serlo». Ella sonrió melancólicamente. «Deseo que hubiera alguna manera de sentir siempre lo que tu sientes ahora. Pues hasta donde yo sé, no hay manera. Una vez que pierdes la frescura de tu primer encuentro, solo tenemos que caminar por fe».

Me costó algo de tiempo entender lo que ella quería decir. Desde entonces, y por varias semanas después, viví en la gloria de ese encuentro. El reporte del doctor finalmente llegó: el cáncer se había ido. No obstante, para mi sorpresa, la noticia no fue tanto motivo de gozo como alguno esperaría; había algo más que fascinaba mi mente: quería conocer a ese Cristo con el que me había encontrado.

Por un tiempo era fácil pensar en Él con frecuencia. Sucedía automáticamente. Leer la Biblia fue una experiencia completamente nueva, porque podía entender, por primera vez, muchas de las cosas que antes me habían intrigado. Cómo Jesús, por ejemplo, podría reclutar discípulos tan solo diciéndoles: «Sígueme». Esto era fácil de creer ahora: esa es la Presencia que yo seguiría hasta los confines de la tierra. Las historias de sanidad eran como revivir aquella noche en el hospital. La declaración de Juan «Dios es amor» era para mí ahora una descripción más que un principio.

Sin embargo, a medida que las semanas y los meses pasaron, esa primera nitidez se esfumó. Después de un tiempo, no era tan fácil tomar la Biblia, el entusiasme de ir a la iglesia se fue enfriando, y se volvió una rutina. Y un día, al visitar a un amigo en el hospital, le conté mi experiencia como un recital y con los ojos secos; y esto, más que cualquier otra cosa, me convenció que aquello se había convertido en solo una memoria, no era más una vívida realidad. ¿Era esto todo lo que yo tendría? Me sentí un poco como debieron haber sentido los discípulos cuando, después de haber caminado con Cristo, de pronto Él se fue. Sentí una profunda tristeza, un anhelo de tener contacto de nuevo con Él, pero como Catherine había predicho, ya no había más que hacer sino «caminar por fe».

Al hablar con otros cristianos encontré que esta era una experiencia común. Había un encuentro en la cima de la montaña, un período en donde la realidad de Cristo era inconfundible y luego, un lento alejamiento. Hubo un momento breve de amor intenso, de gozo y de paz a raudal, un período de salud completa cuando, sin esforzarte ni recurrir al auto control, tú manifiestas paciencia, bondad y gentileza. Fue un tiempo de fe completa; pero luego, una sequedad sombría lo había opacado todo.

¿Es así como se supone que deba ser? ¿Se supone que los creyentes deben vivir solo aferrados a una memoria? De alguna manera lo dudaba: las memorias se evaporan y se vuelven confusas.

Fue entonces que, luego de un año de haber estado en el hospital, y de ese encuentro, que conocí a un hombre quien me contó una historia intrigante. Una historia que captó mi atención simplemente por ser tan extraña. De seguro jamás soñé que en esta historia estuviese encerrada la respuesta a mis preguntas.

CAPÍTULO II

La extraña historia de Harald

Escuché por primera vez de Harald Bredesen por la señora de Norman Vincent Peale, coeditora con su esposo del *Guidepost*. Por aquel entonces sosteníamos una reunión regular un lunes por la noche, cuando ella llegó sin aliento...

«Una disculpa por el retraso», dijo ella. Y aun antes de colgar el abrigo continuó, «acabo de cenar con un joven quien me dio una verdadera sacudida, mucho de qué pensar».

He trabajado con Ruth Peale por diez años. Todos los miembros del staff valoramos su balance y sensatez. Siempre es ella quien nos hace poner los pies sobre la tierra (de manera que nuestros pensamientos no sean demasiado abstractos o ilusorios). Y digo esto por lo extraño de la historia que Ruth nos contó aquella noche. Sonó tan fantasiosa, que, si proviniera de cualquier otro, la hubiese desacertado de inmediato.

«¿Alguna vez has escuchado la expresión "hablar en otras lenguas"?», preguntó.

Muchos de nosotros teníamos una vaga noción de esa frase. Está en la Biblia, pensé.

«"Si yo hablase lenguas humanas y angélicas..." ¿esa?», dije.

«Esa es una referencia» dijo Ruth, «de hecho está mencionada en los evangelios, y Pablo habla de ella varias veces, pero la mayoría de las referencias están en el Libro de Hechos. En apariencia, el hablar en lenguas era una parte importante de la vida de la iglesia primitiva. Mucho más de lo que me había dado cuenta.

«Pues bien, mi comensal dijo que él mismo tuvo tal experiencia. Y no solo él, sino varios de sus amigos. Norman y yo estábamos ahí, sentados, escuchando estupefactos lo que él nos contó de gente de todo el país, protagonistas de la misma experiencia. Presuntamente, estas «lenguas» algunas veces se tratan de lenguajes presentes en el mundo (aunque quien las hable jamás las aprendió ni tiene idea de lo que dice). Suena loco, ¿cierto? Pero de este hombre, les diré...». Ella hizo una pausa, «Bueno, quiero saber más de él».

Terminada la reunión dije a Ruth que me gustaría conocer a ese hombre. Pensé que podría escribir alguna buena historia para la revista. [En poco tiempo] lo conocí. Pero entre más profundicé en el asunto, más me di cuenta de que me había topado con algo mucho más grande que un simple artículo de revista.

Harald Bredesen es un ministro ordenado, pastor de la Primera Iglesia Reformada de Mount Vernon, Nueva York. Él tiene como mi edad (terminando los treinta). Usa collar clerical, está medio calvo y posee un entusiasmo contagioso. Él y yo fuimos a comer a un restaurante cercano a mi oficina, y ahí, frente a las tazas de café y de los azucareros, me contó una historia que parece provenir de un mundo diferente.

Hace algunos años, Harald, estando ocupado con las muchas tareas de su iglesia, era un joven insatisfecho. Le parecía que su vida religiosa no tenía vitalidad, especialmente cuando comparaba sus experiencias personales con los primeros cristianos.

«La vida de los primeros cristianos era una vida emocionante y desbordante», dijo Harald. «Pero buena parte de la iglesia de hoy ha perdido eso. Tú mismo lo habrás sentido, estoy seguro. ¿Dónde están las vidas cambiadas? ¿Qué de las sanidades? ¿Qué de la fe por la que estos hombres estaban dispuestos a morir?».

Por las noches, en su casa, Harald empezó a leer los relatos bíblicos de las primeras iglesias con estas preguntas en mente, y casi instantáneamente dio con una pista. Entre más leía, más estaba convencido de que los primeros cristianos recibieron su vitalidad del Espíritu

Santo, y más específicamente, de una experiencia a la que el Nuevo Testamento llama *el bautismo en el Espíritu Santo*.

Harald Bredesen se propuso a vivir esta experiencia por él mismo. Así que, tomó unas vacaciones, fue a las montañas de Allegheny, se instaló en una cabaña y empezó a orar todo el día. Él se propuso en su mente que estaría en esa cabaña hasta que alcanzara un nuevo nivel de comunicación con Dios. Día tras día se mantuvo orando y orando.

Por fin, una mañana, estando él orando en voz alta fuera de la cabaña, el silencio cundió sobrenaturalmente en las colinas. Entonces cada fibra del cuerpo de Bredesen se tensó, y fue como si todo su ser entrara en un nuevo plano de percepción. Se abstuvo de hablar por un momento; y entonces, cuando comenzó a hablar de nuevo, salió de él algo que él describe en estas palabras:

> ... la más hermosa efusión de vocales y consonantes conjugadas con algunas sílabas extrañas y guturales. No podía reconocer ninguna de ellas; era como estar escuchando un lenguaje extranjero, emanado de mi propia boca.

Sorprendido, intrigado y en gran manera asustado, Bredesen corrió montaña abajo, todavía hablando en voz alta este lenguaje. Entonces llegó a los límites de una pequeña comunidad. Ahí, en el porche de una cabaña, estaba un anciano sentado. Bredesen continuaba hablando en ese lenguaje que emanaba fácil y naturalmente de sus labios. El hombre respondió, hablando fluidamente en un lenguaje que Bredesen no entendía. Cuando fue evidente que estos dos hombres no estaban comunicándose, el anciano habló en inglés.

«¿Cómo es que puedes hablar en polaco y no entenderlo?», preguntó el hombre.

«¿Hablaba en polaco?».

El hombre rio, pensando que Bredesen estaba bromeando. «¡Claro! ¡Claro que era polaco!», dijo el anciano.

Pero Bedesen no estaba bromeando, pues hasta donde él podía recordar, jamás había siquiera escuchado a alguien hablar en polaco.

Yo estaba todavía estaba tamborileando la superficie de la mesa cuando me contó una segunda experiencia. Esta vez, en el lobby de un hotel en Nueva York. Bredesen asistía a un desayuno, y había dejado su sombrero colgado en una silla fuera de área del comedor. Cuando llegó el tiempo de irse, él fue a recoger su sombrero, y en la silla estaba sentada una bonita joven.

Por aquel tiempo él estudiaba el bachillerato, y sus instintos de hombre, le hicieron extender la conversación más allá de un *disculpe, por favor, mi sobrero*. La chica notó el collar clerical y en cuestión de minutos, ambos conversaban intensamente sobre religión. Después de un rato, la joven comenzó a compartir con Bredesen lo decepcionada que estaba con su propia vida religiosa. Bredesen, atento escuchándole, le contó que él sintió lo mismo hasta que su vida devocional dio un giro extraordinario a través del hablar en lenguas.

«¿A través de qué?», preguntó ella, intrigada.

«Me refiero a hablar en un lenguaje que Dios te da», dijo Bredesen. Entonces le contó su experiencia. Al escucharla, en los ojos de la chica se leían dos cosas: incredulidad e inquietud.

«¿Puedes hablar en estas lenguas cuando quieras?», dijo ella, mientras imperceptiblemente se movía hasta el extremo opuesto de la silla.

«Ellas nos han sido dadas para orar».

«Si, pero, ¿puedes orar en lenguas cada vez que lo quieras?»

«Si. ¿Quieres que ore de esta manera ahora mismo?».

La chica miró para todos lados, esta vez con ojos de total alarma.

«No quiero incomodarte», dijo Bredesen, y de inmediato, inclinó su cabeza y después de un breve silencio, empezó a hablar palabras que para él eran ininteligibles. Esta vez, los sonidos que emanaban de su boca estaban tachonados con *ps* y *ks*. Cuando él terminó y abrió los ojos, vio que el rostro de la joven había palidecido.

«¿Por qué?... ¿por qué?... te he entendido. Estuviste alabando a Dios, hablando una forma antigua de árabe».

«¿Cómo es que lo sabes?», preguntó Bredesen.

Fue en ese momento que supo que la chica era la hija de un egiptólogo, que ella hablaba varios dialectos modernos de árabe, y había estudiado las formas arcaicas del este idioma.

«Has pronunciado las palabras perfectamente», dijo ella.

«¿Cómo rayos aprendiste árabe antiguo?»

«Harald Bredesen se estremeció, y dijo: «Jamás lo he estudiado ni aprendido; incluso no tenía ni idea de que estuviera hablándolo».

Mi entrevista con Harald Bredesen me dejó más perplejo que esclarecido. De seguro, tendría que haber alguna explicación lógica para sus relatos; de lo contrario, serían milagros, y los milagros no cuadraba en absoluto con lo que yo entendía del mundo actual.

Bredesen me dijo después de contarme su experiencia que él descubrió que había una rama del cristianismo cuyo sello distintivo era el hablar en lenguas: los pentecostales, los cuales tomaron su nombre del día de Pentecostés (cuando los cristianos, por primera vez, hablaron en lenguas). Había escuchado de ellos antes, pero nunca había prestado mucha atención a ello. Pensaba que se trataba simplemente de una otra secta marginal del cristianismo. Pero digo, ¿marginal? El dato que obtuve luego es que había 8.5 millones de pentecostales en el mundo, y más de dos millones en los Estados Unidos; que había más de 350 iglesias pentecostales y misiones solo en Nueva York, muchas de ellas constituidas por pequeñas asambleas que se reúnen en las localidades más pobres de la ciudad.[1]

---

[1] Estos datos corresponden a el año en que este libro fue escrito. Hoy existen muchos más. Según el Pew Research Center, en 2011 había 584 millones de pentecostales y carismáticos. https://www.pewresearch.org/religion/2011/12/19/global-christianity-movements-and-denominations/. La enciclopedia Britannica reporta que hay al menos diez millones de pentecostales en los Estados Unidos. https://www.britannica.com/topic/Pentecostalism

«Es algo curioso, ¿verdad?», dije a Tib aquella noche cuando cenábamos juntos, «que he trabajado en una revista interreligiosa todos estos años y nunca siquiera he tenido interés en la iglesia pentecostal».

Nos propusimos a cambiar esa situación. Bredesen me informó que una iglesia pentecostal llamada Rock Church, localizada en el este de la ciudad; esta tenía un servicio el martes por la tarde-noche. Así fue que, el martes siguiente, Tib consiguió una niñera y ambos fuimos allá.

Ese día hacía bastante frío, y ambos salimos del taxi titiritando, precisamente en la esquina de la calle 62 con la 3ra. El área era interesante: solía ser un vecindario pobre de Nueva York hasta que se construyó el tren elevado en la calle 3ra., fue entonces que rápidamente se empezó a convertir en un área elegante. Las viejas tiendas de segunda se convirtieron en tiendas de «antigüedades», y la polvorosa tienda de herramienta se convirtió en un próspero negocio de latón y fierro fundido. No obstante, alcancé a ver un anciano desaliñado empujaba un carrito de supermercado lleno de garras y botellas; y cerca de él, caminaba una dama con tres perros poodles abrigados.

El edificio de la iglesia —de ladrillo blanco—, antes fue una casa. El interior estaba pintado de azul pastel, de textura sencilla. Detrás de las gradas del coro, los extractores trataban valerosamente de mantener el aire fresco. No era nada distinto a otras docenas de iglesias que había entrado antes, excepto por una cosa: estaba repleta. De manera que batallamos para encontrar asientos disponibles.

«Nunca he visto algo así en un martes por la tarde-noche», susurró Tib.

Encontramos dos asientos al fondo del edificio, y cuando estuvimos ahí, comenzamos a mirar a los lados. La congregación estaba compuesta de una mixtura social compleja, más que la de muchas otras iglesias. Había algunos con abrigos de visón, pero también otros con camisas de trabajo, y aun otros con pechera de mezclilla. Noté algunas personas vestidas de uniforme: algunas enfermeras (quizá del hospital contiguo), otras parecían niñeras, las cuales infiero minutos antes estuvieron empujando sus carriolas —esas de ruedas grandes— en el parque. Había uno con su uniforme de chofer. Tal vez uno de cada cinco era de raza negra.

No podría decir si el servicio estaba en tránsito o no. La congregación parecía expectante, intencional, aunque no parecía tener un líder, ni que existiera una secuencia prestablecida de eventos en la adoración. Una mujer en la fila de adelante de pronto empezó a hablar en alta voz: «¡Bendito Jesús!», y lo dijo de un modo que parecía que lo cantaleteaba, y de todos los demás hubo suspiros complacientes. La negrita al lado nuestro había estado sentada con el rostro al cielo y los ojos cerrados herméticamente; ahora sus manos se fueron elevando ligeramente, hasta terminar extendidas sobre la cabeza; tenía las palmas hacia arriba, como con la actitud de recibir alguna inefable bendición de lo alto. De pronto toda la congregación tenía también sus brazos en alto y las manos abiertas con el mismo gesto receptivo. Desde el otro extremo del recinto un hombre gritó: «¡Alabado sea el Señor!».

Siempre me fascinaron las teorías de psicología de las masas. Había escuchado del concepto de «mente grupal», pero nunca pensé que tal cosa fuese real hasta estar en ese lugar. Había una unión indefinible, una casi palpable sintonía entre los seres humanos reunidos ahí. Todos en orden, como una cosa viva, orgánica: no movida por ciertas reglas o por la dirección de un director, sino el resultado de un impulso interno, como las células del cuerpo que trabajan en plena unidad.

De vez en cuando, alguno de la congregación se levantaba, caminaba por el pasillo y desaparecía dentro de un segundo cuarto localizado detrás del púlpito.

Después de un rato, este ambiente de libertad me contagió, e inclinándome un poco, le pregunté a Tib si desearía ir conmigo al frente y cruzar la puerta.

«Hagámoslo», dijo ella.

Entramos así en una habitación pequeña con alfombra marrón. Yuxtapuestas a tres de las paredes había sillas de madera de respaldo recto, y no había más muebles.

Diez de las doce sillas estaban en uso, pero quienes las usaban no estaban sentados sobre ellas, sino que estos, arrodillados, apoyaban los brazos sobre las sillas. Cada silla era, de hecho, un altar privado. Y nosotros, tan solo para no quedarnos ahí embobados, nos hincamos también. Si nos hincáramos o no, realmente no significaba ninguna diferencia, pues los que estaban ahí, no se dieron cuenta de nuestra presencia. Ellos oraban tanto en voz alta como en voz baja, y en ocasiones, alguien arrancaba un «¡Jesús!». Pero a medida que puse más atención a lo que ellos decían, percibí que la mayoría del grupo no oraba en inglés. Eran extraños sonidos y una combinación poco familiar de ritmos que pulsaban a nuestro derredor. Ellos parecían orar individualmente, no obstante, constituían una sintonía grupal de adoración: el murmullo de oración aumentaba, luego disminuía.

«Seguro ellos oran en lenguas», susurré a Tib.

Estuvimos en ese pequeño cuarto unos quince minutos, y en los últimos cinco, la combinación de lo duro del piso y el poco grosor de la alfombra me causó dolor en las rodillas. Pero los otros continuaron orando, sin importarles lo para mí tenía importancia.

De pronto, todos a una, sin advertencia ninguna, detuvieron sus voces.

Levanté la cabeza. Nadie había entrado en el cuarto. No había ningún estímulo visible, sin embargo, el grupo se había detenido. Una anciana con dificultad, y lentamente, se puso de pie, y sin decir nada, abandonó el cuarto. Un hombre se levantó después de ella, e hizo lo mismo. Finalmente, uno por uno, todos los que estaban en el cuarto desfilaron para volver a incorporarse al santuario. Nosotros seguimos lo que los demás hacían y regresamos a nuestros asientos. Afortunadamente habíamos dejado unos himnarios para reservar nuestros lugares.

Ahora una dama alta, de pómulos prominentes se paró detrás de un atril y gritó el número de un himno. ¡Qué cantar! ¡Eso sí era cantar! Era como si todo el cuarto estallara con el cántico. El hombre corpulento que estaba a nuestra izquierda cantaba como si la reputación de toda la iglesia estuviese sobre sus hombros. Su voz gruesa quizá no correspondía a las notas escritas en el himnario, pero ¡vaya que armonizaba con la intención espiritual del escritor del himno! Y la mujer a nuestra derecha estaba absorta. Sus ojos aún permanecían cerrados, cantaba balanceándose, privada de todo excepto de la música.

Me gustó esta parte, incluso a pesar del emocionalismo. Cuando cantamos *Dulce consuelo* (y hablo en plural porque Tib y yo estuvimos cantando en alta voz, junto con los demás) sucedió algo que nunca había visto. El líder de alabanza dejó de cantar siguiendo la costumbre habitual y empezó a repetir una y otra vez el coro: «¡Gloria cantemos al Redentor! Que por nosotros quiso morir; La santa gracia del Salvador, siempre dirija nuestro vivir». Y esta repetición, en lugar de ser monótona, tenía un efecto de explosión de sentimientos, un efecto casi embriagador.

Luego de ello, en medio de la canción, la gente comenzó a aplaudir. Y esto no era un simple compás, sino un ritmo complejo que a veces era a doble compás, a veces a medio compás, y en ocasiones ligeramente sincopado, entrelazándose con la música. Esto era algo tan distinto para nosotros que no pudimos unirnos, pero pude notar que el dedo pulgar del pie derecho de Tib se comportaba tan Pentecostal como todos los demás.

Los cánticos no se detuvieron todos al mismo tiempo, sino fueron cesando gradualmente; y de pronto, de alguna parte del auditorio, al frente, un hombre empezó a hablar en alta voz en un lenguaje que no entendía. Al suceder esto, yo me estremecí; esto es, generaciones de tradición dentro de mí se estremecieron: podría tolerar los gritos de ese hombre en un estadio de futbol, pero no en un santuario. Pero a nadie fuera de mí pareció importarle. Luego, una calma sepulcral inundó el recinto cuando el hombre terminó de hablar; luego todos parecían estar en suspenso, como esperando algo que estaba a punto de suceder. Pasados unos segundos, del otro extremo, se escuchó una segunda voz. El hombre habló en inglés, pero con los mismos tonos agudos, extáticos y vertiginosos usados por el hombre que había hablado en otras lenguas. Era una exhortación extraordinaria: «Esperen grandes cosas en estos días».

«El Señor se ha movido poderosamente», el hombre gritó. «Él ha dado su promesa y será fiel en estos últimos días...»; muchos dijeron lo mismo, de formas distintas.

Entonces quise saber lo que estaba sucediendo y pregunté a mi vecino. «Él está interpretando», dijo él. Cuando entendí mejor la doctrina Pentecostal descubrí que el «don de interpretación» hace mancuerna con el «don de lenguas», y de hecho se piensa que es el don que debe ser buscado a la par con el don de lenguas. Una «interpretación» pretende dar contenido comprensible al mensaje que se ha dado en lengua desconocida, la cual, a diferencia de una traducción, el intérprete no entiende el lenguaje que se ha hablado en lenguas. El intérprete siente misteriosamente que se le ha dado la interpretación de lo que se ha dicho en lenguas, y entonces alza su voz en medio de la congregación. Me di cuenta de este patrón: cada vez que alguien empezaba a hablar en lenguas lo suficientemente fuerte para que todos en el salón oyeran —y esto sucedió tres veces— alguien más se levantaba de inmediato y hablaba en inglés a la congregación.

El sermón aquella tarde-noche fue de 40 minutos, y se basó en el pasaje que narra a Moisés, cuando los hijos de Israel cruzaron el mar Rojo. En sí, ese sermón no tuvo nada extraordinario, excepto por una cosa: el predicador tuvo mucho más apoyo de la congregación de lo que yo estaba acostumbrado a escuchar. Una y otra vez resonaban gritos de aprobación tales como: «¡Gloria a Dios!»; «¡Amén!», «¡Aleluya!», voces que yo no solía escuchar, sino en las letras de las obras corales de Pascua. Cuando él mencionaba una frase en la que tenía respuesta de la congregación, la repetía con entusiasmo, en un estilo similar al del líder de alabanza con el coro del himno. «Él cruzó el mar. Sí, Moisés cruzó el mar. Las aguas se apartaron y él cruzó. ¡Moisés cruzó el mar!»

El sermón terminó. Las luces de los autos brillaban a través de la puerta mientras la congregación abarrotaba el pasillo en dirección a la banqueta. Batallé un poco en ponerme el abrigo; miré el reloj: habíamos estado ahí por casi tres horas. Afuera había anochecido, y los poodles parecían apurarnos para que les diésemos de cenar.

Mientras nos dirigíamos a casa, nuestras mentes estaban en conflicto pensando en lo que habíamos presenciado aquella tarde-noche. El tiempo había volado, y meditando en todo lo ocurrido, nos sentíamos como haber visitado un país extranjero en tiempo de fiesta. Aunque, al mismo tiempo, estábamos emocionados profundamente. Me sentí intimidado por algo desconocido, turbado porque la gente exhibiera sus emociones delante de otros, y sobre todo, perplejo. Era para mí un campo extraño.

Aquella noche, terminado el servicio, había preguntado al predicador, de dónde provenía esta forma particular de adorar.

«De la Biblia», contestó. «De la última parte de 1 Corintios 14».

Lo primero que hicimos al llegar a casa Tib y yo, y frente al fuego de la chimenea, fue buscar el pasaje. Fue para nosotros un descubrimiento: las palabras escritas por el apóstol Pablo eran una descripción exacta de aquel servicio.

> ¿Qué hay, pues, hermanos? Cuando os reunís, cada uno de vosotros tiene salmo, tiene doctrina, tiene lengua, tiene revelación, tiene interpretación. Hágase todo para edificación. Si habla alguno en lengua extraña, sea esto por dos, a lo más tres, y por turno; y uno interprete. Si no hay intérprete, calle en la iglesia, y hable para sí mismo y para Dios... Por tanto, hermanos míos, anhelad el profetizar, y no prohibáis hablar en lenguas. Pero que todo sea haga decentemente y con orden (1 Corintios 14:28-30; 39-40).

Aquella noche, luego de que Tib subiera a la planta alta para descansar, me senté solo por un momento frente al fuego. La sala de estar se iluminaba solo ocasionalmente por el destello de las flamas de un fuego que estaba por extinguirse. Entonces se me ocurrió que ese fuego se parecía a la experiencia que había tenido con Cristo. Esa comunión hermosa había brillado intensamente por un tiempo, pero ahora estaba apagándose poco a poco. ¿Es esto así? ¿Estamos condenados a que se agote el combustible de una experiencia hasta que finalmente nuestro fervor desaparezca? Estuve leyendo el Libro de los Hechos y era evidente que los cristianos de la iglesia primitiva no decayeron ni se enfrió su experiencia con Cristo. Me pareció que los adoradores de esta divertida iglesia pentecostal de esta tarde-noche eran como ellos. Con todo y lo raro de su servicio, me pareció que esa gente experimentaba una permanente presencia de Cristo. Yo pude reconocer esta presencia, era la misma que había experimentado en el hospital. Tal vez su lenguaje era extraño y sus acciones peculiares, pero si observas con detenimiento, si observas los rostros de ellos, no eran los rostros de quienes se congregan en un servicio religioso, sino los rostros de gente llena de gozo y de vida.

CAPÍTULO III

Un testigo Sorpresa

La mañana siguiente estaba nevando y un viento helado soplaba con fuerza. Cerca de las 10:00 a. m. los niños y yo paleamos la nieve para abrir camino al cartero. De alguna manera, la embriaguez [espiritual] del día anterior parecía muy lejana. Entre palada y palada, les conté a Scott y Donn sobre el servicio al que Tib y yo asistimos. Mis hijos de seis y nueve años reaccionaron llenos de asombro, y su primera pregunta fue «¿por qué ir a la iglesia entresemana?».

Quería darle algunas cartas al cartero ese día, así es que planté a mi hija de tres años, Elizabeth, cerca de la ventana para que me avisara cuando él llegara, mientras yo subí a mi oficina en el ático. Debido a la nieve, la escuela de los chicos estaba cerrada, y mientras escuchaba de los vaivenes de las fortunas en el juego de Monopolio —en la planta baja—, de pronto me di cuenta de la lógica de los chicos. Ese servicio de ayer había sido bastante ridículo. Había sido de mala educación saltar en medio de un servicio religioso, hablar y gritar. Era ridículo agitar las manos en alto... Así que, regresé a mi idea del principio: para lo único que esto sirve es para realizar un estudio de la psicología de masas.

«¡Ahí viene!» dijo Elizabeth emocionada, anunciando la llegada del cartero. Corrí a su encuentro e intercambié cartas con él.

La primera carta que vi tenía el sello postal de Mount Vernon, era de Harald Bredesen. Puesto que había perdido el interés en el tema de los fenómenos extraños, cuando regresé al ático, coloqué la carta de Harald al final de la pila. Finalmente, era la última que quedaba en el escritorio y la abrí sin entusiasmo. Dentro había varias páginas que habían sido arrancadas de la revista *Life* fechada el 9 de junio de 1958, con una nota breve garabateada en la parte superior de una de ellas: «Pensé que estarías interesado en esto. H. B.».

Sí estaba interesado, parcialmente porque estaba escrita por un hombre a quien conocía: el Dr. Henry Pitney Van Dusen, el entonces presidente del Seminario Teológico Unión de Nueva York. Sin embargo, mi interés creció cuando vi el título: «"La tercera fuerza" en el cristianismo», un artículo que hablaba parcialmente de los Pentecostales.

¿Qué era lo que el presidente de uno de los mayores centros intelectuales del país habría de decir de esta gente inculta? Me serví la última taza de café que había sobrado del desayuno, y me dispuse a leer el relato del Dr. Henry Pitney Van Dusen, de su viaje alrededor del mundo. Había estado en veinte países, y en cada uno había visitado a los líderes de las iglesias protestantes tradicionales. Y en todas partes, cada uno de ellos le había informado del crecimiento fenomenal de los grupos religiosos «no conformistas», especialmente de los Pentecostales.

«¿Te preocupa», preguntó él a un obispo anglicano, «que esos movimientos estén alcanzando gente que tú no estás alcanzando, o que estén engrosando sus filas con miembros de tus iglesias?»

«Ambas cosas», contestó.

Cuando el Dr. Van Dusen terminó de digerir los datos que había reunido de su viaje, se había convencido de la existencia de un «tercer brazo poderoso en la cristiandad» que se alzaba equiparable con los católicos y protestantes. Y que en el centro del núcleo central de esta "tercera fuerza" estaba el avivamiento Pentecostal. El Dr. Van Dusen escribió:

> Hay varias fuentes que fortalecen a esta "tercera fuerza", y que la erigen como el fenómeno religioso más extraordinario de nuestro tiempo. Estos grupos predican un mensaje bíblico directo, fácil de entender. Prometen una transformación de vida inmediata mediante una experiencia con el Dios vivo en la persona de Cristo, cosa que tiene mucho

más sentido que la versión que muchos otros individuos encuentran en las iglesias convencionales.

Ellos se acercan a la gente —en sus casas, en las calles, dondequiera— y no están en espera de que alguien asista a la iglesia. Tienen un gran fervor espiritual, el cual a veces (aunque no siempre) es excesivamente emocional. Ellos pastorean a sus congregaciones en grupos que tienen comunión cercana, y se edifican mutuamente; y esto último, es, por cierto, una característica vital vista en los primeros cristianos, en el tiempo cuando el Espíritu Santo descendió en el primer Pentecostés. Hacen un fuerte énfasis en la persona del Espíritu Santo —tan descuidada por muchos de los cristianos tradicionales— como la inmediata y potente presencia de Dios disponible para cada ser humano, y viva entre la comunidad de discípulos de Cristo. Por encima de todo, ellos esperan que sus seguidores practiquen un cristianismo activo e incansable los siete días de la semana.

Hasta hace poco, otros protestantes consideraban este fenómeno como temporal y pasajero, indigno de demasiada consideración. No obstante, ahora crece un serio reconocimiento de sus verdaderas dimensiones, y estos llegan a pensar que será permanente. La tendencia a descartar su mensaje cristiano por considerarlo inadecuado ahora está siendo reemplazada por un interés en descubrir los secretos de su poderoso alcance, y esta dimensión es investigada con disciplina.

La declaración y reporte del Dr. Van Dusen fue notable, pero no me bastó, por lo que le escribí solicitándole una entrevista.

Diez días después Tib y yo fuimos a verlo. Esta visita tuvo para mí un particular significado, dado que mi propio padre había enseñado en ese Seminario hasta su muerte. Sentados en el apartamento del Van Dusen dentro del campus, de ahí, desde el patio, se alcanzaba a ver la oficina que mi padre ocupó, y a la vuelta de la esquina estaba el departamento en donde vivieron mis padres, lugar que, por seis años, visitamos con los niños cada domingo. Regresar a ese lugar era memorable.

El Dr. Van Dusen fue sensible a este regreso a casa, de lo significante que era para Tib y yo, así que se esmeró en preparar personalmente el té, dado que tanto su esposa como la mujer que los asistía estaban de viaje. Se sentó él con nosotros en el sillón opuesto, y saboreamos su té.

«Demasiado fuerte», dijo él, meneando la cabeza. «Demasiado fuerte. He traído también un poco de *ginger ale*, quizá la combinación suavice el sabor.

Entonces tomó el *ginger ale* y lo mezcló con el té; luego lo probó, hizo una cara, y colocó la taza en la mesa de centro. «Tengo aquí también algunas galletas». «Me da tanto gusto verlos. Como saben, estoy bastante interesado en los Pentecostales».

El Dr. Van Dusen nos contó de su viaje al Caribe algunos años antes, y que ahí asistió a un servicio Pentecostal por primera vez. «Saben, es escandaloso pensar que el presidente del Seminario Teológico Unión de Nueva York tuvo que viajar hasta el Caribe para asistir a su primer servicio Pentecostal».

De ese viaje, el Dr. Van Dusen regresó con varias impresiones. La primera de ellas fue algo curiosa.

«Me sentí en casa», dijo él, «a pesar de las grandes diferencias —y vaya que son grandes diferencias—, me sentí en casa. Sentí como si hubiese viajado en el tiempo hasta llegar a la iglesia primitiva, a la más vital de las experiencias cristianas. Creí que Pedro, Bernabé y Pablo se sentirían más en casa en un buen servicio Pentecostal, que en uno de los formalistas y ritualistas reuniones de adoración que la mayoría de las iglesias modernas acostumbran».

También regresó con una impresión de las lenguas. De la manera que nosotros, él vio y escuchó fascinado a la gente orando «en el Espíritu».

«Me pareció», dijo Van Dusen, «que este hablar en lenguas era una especie de terapia espiritual. Fue bastante inquietante escuchar las lenguas por primera vez. Sin embargo, salí de ahí pensando que era algo positivo: que se trataba de una liberación emocional saludable, algo que hacía que la gente se sintiera más relajada, más libre».

«Nunca antes había tenido esta experiencia», continuó Van Dusen, «pero puedo entenderla mejor cuando pienso en algunos de nuestros grandes poetas. Ellos, con bastante frecuencia, llegan a un punto en el que no pueden comunicar ideas inteligibles. Blake, por ejemplo, pero también Auden y Gerard Manley Hopkins. Todos ellos escribieron frases completamente irracionales, frases que «no tienen sentido». Esto es para mí comparable con la naturaleza irracional de las lenguas. El corazón humano finalmente alcanza un punto en donde las palabras —hablamos de la definición de palabras conforme al diccionario—, simplemente no son lo suficientemente adecuadas para expresar todo lo que se debería decir».

Cuando dijo esto último, él mostró una seriedad notable. No obstante, fue justo antes de irnos que el Dr. Van Dusen hizo la declaración que me hizo estar decidido a investigar todo lo que pudiera de los Pentecostales.

Era tiempo de irnos, y Tib se puso de pie; no obstante, el Dr. Van Dusen permaneció sentado, y claramente mostró con esto que tenía algo más que decirnos.

«Siento en mi corazón», dijo él, como eligiendo las palabras cuidadosamente, «que el movimiento Pentecostal, con su énfasis en el Espíritu Santo, es más que tan solo un avivamiento más. Es la revolución de nuestros días. Es una revolución comparable en importancia al establecimiento de la iglesia apostólica, y a la Reforma Protestante».

Me tomó algún tiempo comprender el significado de las palabras del Dr. Van Dusen: que esta pequeña iglesia, este grupo que agita los brazos, que aplaude y que habla en lenguas, esta pequeña iglesia que Tib y yo visitamos aquel martes por la tarde-noche, no era, en realidad, una secta de locos retrógrados. Que no podía incluso comparárseles con las más grandes de las ramas del protestantismo, esto es, con los presbiterianos o metodistas; sino debería comparárseles con todo el protestantismo, y con el catolicismo, a ese nivel.

Tib y yo manejamos a casa con las cabezas un tanto aturdidas. ¡¿Cómo era posible que el Dr. Van Dusen comparara el pentecostalismo con la fundación de la iglesia original [la del Libro de los Hechos]!?

¿Era su percepción un pensamiento marginal? Las semanas siguientes leí mucho sobre el tema. Y fue después de este surfeo, que descubrí dos cosas:

Lo primero fue que el movimiento pentecostal estaba más extendido de lo que imaginé, pues este no solo incluía la cifra de los 8.5 millones de miembros de estas iglesias, sino algo más significativo: el número inimaginable de personas, miembros de las iglesias tradicionales, tanto católicos como protestantes, que ya habían tenido las mismas manifestaciones de este poder sobrenatural e inexplicable en sus medios.

Lo segundo que descubrí fue que el Dr. Van Dusen no era el único que evaluaba este fenómeno con tan grandilocuentes palabras. Grandes personalidades, tanto protestantes como católicas, tenían los mismos pensamientos. Así que, hice una lista y la etiqueté como «Historias de Lenguas»; luego me prometí a mí mismo que algún día vería a estos hombres.

El problema era que estas investigaciones amenazaban tomarme más tiempo del que podía disponer. El tema me fascinaba, pero al mismo tiempo, tenía tareas asignadas en la revista, y estas eran las que producían nuestros ingresos. Sentía ante ello una frustración creciente: tenía la sensación de que me había topado con una gran historia, algo que, para un escritor, podría venir solo una vez en la vida. Pero no podría hacer nada al respecto.

Entonces algo sucedió. Algo que cambió la situación por completo. En una cena con el vecindario conté la historia de Harald Bredesen, aquella cuando habló en polaco; y descubrí que estas historias eran dignas de todas las cenas informales: sin importar la indignación o hilaridad que despertaban, siempre resultaban interesantes para todos los oyentes. Por cierto, esa noche había en la fiesta una persona que no conocía. Un hombre llamado Sam Peters, y este, tan pronto como nos levantamos de la mesa, me tomó aparte y me dijo:

«Sabes, estoy fascinado con esta historia y me gustaría saber más del tema, ¿podrías venir a mi oficina?».

Peters resultó trabajar para una casa editorial. Fui a visitarlo a su oficina en Manhattan, y varias semanas después, había sido contratado para escribir un libro que hablara de pe a pa del fenómeno de las lenguas y todo lo que esto significa; el publicador pagaría los gastos de la investigación.

«Hay una cosa que más vale que tengamos clara», le dije a Peters al final de nuestra conversación. «Has mencionado varias veces "esas lenguas que hablan ustedes". Pero no son "mis lenguas", Peter, y no las serán. Estoy interesado, intrigado, pero no convencido. Soy un episcopal, tú lo sabes, y creo que somos bastante aburridos».

Peters sonrió. «Lo sé. Nadie te ha pedido que te involucres con ellos. Tan solo haz un buen reporte. Es todo lo que estamos pidiéndote».

«Bien», dije. «Entonces nos hemos entendido. Siempre he dicho que el mejor reportero es aquel que mantiene su distancia».

CAPÍTULO IV

La locura de Stone

Sentí que mantener mi distancia de esta gente sería una tarea fácil.

Estaba sentado en la sala principal de la biblioteca pública de Nueva York, con una pila de libros descontinuados frente a mí, los cuales me llevaron a un mundo lejano, más lejano de lo que yo podría imaginar. Mi objetivo era dar con el primer ejemplo de alguno que hablara en lenguas en los tiempos modernos. Algunos de los candidatos que tuve fueron: un granjero que vivía en las montañas; un predicador itinerante de raza negra; un hombre que dirigía una escuela que no cobraba matrícula; había también indios de Chile; nativos de África; y marginados de la India. Cuando le informé los resultados de mi investigación a Tib, ella se limitó a decir: «Ninguno de ellos alguna vez se preocupó por la hierba que había en su césped», queriendo decir que esas culturas estaban muy ajenas a las nuestras, que había un gran abismo entre ellas y nosotros, por lo que agregué: «Sí, y si alguno de ellos tenía pasto, ponía a una vaca a pastar ahí».

Fue en el año 1900 cuando un joven ministro metodista, Charles F. Parham, decidió que debía hacer algo con su vida religiosa. Había estado leyendo el Libro de los Hechos y las cartas de Pablo y, al compararlas con su propio ministerio, se dio cuenta de la profunda diferencia. ¿Dónde estaban los nuevos convertidos? ¿Dónde estaban los milagros y las sanidades? Seguramente —se dijo a sí mismo— la iglesia del primer siglo tenía un secreto que la iglesia de hoy ya no posee.

En octubre de 1900, se propuso a encontrar este secreto. Se había convencido de que requería un estudio de las Escrituras que no podría lograr por él mismo, por lo que decidió abrir una Escuela Bíblica en donde él sería tanto el director como uno de los estudiantes. Tal escuela no cobraría colegiatura, y los estudiantes tan solo tendrían que cubrir sus propios gastos de manutención.

El primer punto en la agenda era conseguir un local por el que se pagara poco —o incluso nada— por mes; y Parham encontró tal edificio en Topeka, Kansas. Este no era solamente un local lo suficientemente grande, sino también pintoresco. Un ciudadano de Topeka llamado Stone había estado construyendo una mansión para sí mismo; pero a mitad de camino, se quedó sin dinero. La planta de abajo estaba magnífica: escaleras labradas, una gran chimenea, finas paredes. Pero la parte alta estaba terminada con la madera de la peor calidad, de pino barato. El edificio tenía un apodo, era llamado «la locura de Stone».

Charles Parham se mudó a «la locura de Stone» y anunció que toda persona que deseara unirse a un estudio del Nuevo Testamento sería bienvenida. Aparecieron 40 estudiantes; y tal hecho, dio más de qué hablar que lo que Stone había ya hecho ahí. Llegaron en carretas, carros y a pie, trayendo consigo a sus esposas e hijos. Trajeron consigo también lo que necesitaban para mantener la casa, y en la magnífica mansión de Stone de pronto aparecieron tendederos de pañales en el patio, y una vaca pastando en el frente.

Charles Parham sabía la dirección que los estudios deberían tomar. Por 40 años muchos Pentecostales habían estado poniendo cada vez mayor atención a una experiencia que ocurría, tradicionalmente *después* de la conversión, en algún momento después de ella. Algo a lo que algunos llamaron «una segunda obra de gracia», y otros «la segunda bendición», y aun otros, «santificación». Sin embargo, la esencia de esta experiencia era que siempre se trataba de un encuentro con el Espíritu Santo.

La promesa de alguna clase de nueva relación con el Espíritu Santo se teje como un hilo conductor a través de todo el Nuevo Testamento, y desde los primeros capítulos de los Evangelios se predice. Los judíos por un tiempo pensaron que Juan el Bautista era el Mesías prometido. Pero Juan les dijo: «Viene tras mí el que es más poderoso que yo, a quien no soy digno de desatar encorvado la correa de su calzado. Yo a la verdad os he bautizado con agua; pero él os bautizará con Espíritu

Santo» (Marcos 1:7-8). El bautismo con el Espíritu Santo, dijo Juan, sería una marca distintiva del Mesías.

Hacia el final de su vida terrenal, Cristo empezó a poner énfasis en el Consolador de los discípulos, el cual los acompañaría en los tiempos tormentosos, los guiaría a toda la verdad, y tomaría el lugar de Cristo cuando Él se fuera. Después de su crucifixión, Cristo apareció a sus discípulos y les dijo que deberían permanecer en Jerusalén. «Y estado juntos, les mandó que no se fueran de Jerusalén, sino que esperasen la promesa del Padre, la cual, les dijo, oísteis de mí. Porque Juan ciertamente bautizó con agua, mas vosotros seréis bautizados con el Espíritu Santo dentro de no muchos días» (Hechos 1:4-5).

Fue así que los discípulos siguieron las instrucciones que les fueron dadas; entonces:

> Cuando llegó el día de Pentecostés, estaban todos unánimes juntos. Y de repente vino del cielo un estruendo como de un viento recio que soplaba, el cual llenó toda la casa donde estaban sentados; y se les aparecieron lenguas repartidas, como de fuego, asentándose sobre cada uno de ellos. Y fueron todos llenos del Espíritu Santo, y comenzaron a hablar en otras lenguas, según el Espíritu les daba que hablasen (Hechos 2:1-4).

Con esta llenura del Espíritu Santo los días de la Iglesia empezaron. Era nueva, pequeña, rodeada de enemigos; sin embargo, esta joven Iglesia tenía poder para sanar, para convencer, para extenderse. Las iglesias que evolucionaron con el paso del tiempo mantuvieron en sus tradiciones un vestigio de esta dependencia temprana de la llenura del Espíritu Santo como su fuerte de poder, la cual llega en un tiempo específico. Los católicos romanos, los luteranos y los episcopales conservan, en sus servicios de confirmación, la idea de que, cuando un creyente es confirmado, recibe una dotación especial de poder para ser un cristiano eficaz.

No obstante, grupos como los metodistas wesleyanos y los del Movimiento de Santidad vislumbraron que esta ceremonia de confirmación no era sino solo un ritual, y frecuentemente no impartían ningún poder. Estos enfatizaron que el bautismo era una experiencia que no llegaba automáticamente, sino que —de ser necesario— tenía que ser buscada con insistencia hasta que el cristiano tuviese la plena certeza de que él/ella había sido lleno del Espíritu Santo.

Pero, ¿cómo una persona podría estar segura? Algunos decían que no había una evidencia directa, que se debía aceptar por fe. Otros decían que una persona había sido bautizada cuando su vida de oración estuviera llena de poder. Sin embargo, estos no eran criterios que alcanzaran alguna definición. Por tanto, la meta de Charles Parham y de sus estudiantes fue descubrir un criterio que pudiese servir de fundamento.

En «la locura de Stone», Parham y sus amigos se ocupaban leyendo la Biblia, lavando los trastes, ordeñando la vaca orando, y buscando una clara evidencia de la presencia del Espíritu Santo.

En diciembre, Parham tenía que estar fuera de la ciudad por tres días; pero antes de irse dejó una tarea a sus estudiantes.

«Mientras estoy fuera», dijo él, «quiero que lean el Libro de los Hechos. Estudien los relatos en donde fue recibido el bautismo por primera vez. Vean si pueden encontrar un patrón en esos relatos, un común denominador».

A su regreso, la escuela estaba eufórica. Los estudiantes, estudiando cada uno por su cuenta, había llegado a la misma conclusión. En las cinco distintas descripciones en Hechos en donde el bautismo fue recibido por primera vez, les pareció a ellos que el curioso fenómeno del «hablar en otras lenguas» estaba presente, ya fuera que estuviese mencionado en el pasaje o no, es decir, cuando no se mencionaba se podía inferir con certeza.

El primer relato era el del Pentecostés. «Y fueron todos llenos del Espíritu Santo, y comenzaron a hablar en otras lenguas, según el Espíritu les daba que hablasen» (Hechos 2:4).

El segundo fue en Samaria. La Biblia dice:

> Cuando los apóstoles que estaban en Jerusalén oyeron que Samaria había recibido la palabra de Dios, enviaron allá a Pedro y a Juan;

los cuales, habiendo venido, oraron por ellos para que recibiesen el Espíritu Santo; porque aún no había descendido sobre ninguno de ellos, sino que solamente habían sido bautizados en el nombre de Jesús.

Entonces les imponían las manos, y recibían el Espíritu Santo. Cuando vio Simón que por la imposición de las manos de los apóstoles se daba el Espíritu Santo, les ofreció dinero, diciendo: Dadme también a mí este poder, para que cualquiera a quien yo impusiere las manos reciba el Espíritu Santo (Hechos 8:14-19).

El tercer relato fue en Damasco, cuando Pablo recibió el bautismo. El pasaje dice:

Fue entonces Ananías y entró en la casa, y poniendo sobre él las manos, dijo: Hermano Saulo, el Señor Jesús, que se te apareció en el camino por donde venías, me ha enviado para que recibas la vista y seas lleno del Espíritu Santo. Y al momento le cayeron de los ojos como escamas, y recibió al instante la vista; y levantándose, fue bautizado (Hechos 9:17-18).

El cuarto se registró en Cesarea, cuando la casa de Cornelio recibió el bautismo:

Mientras aún hablaba Pedro estas palabras, el Espíritu Santo cayó sobre todos los que oían el discurso. Y los fieles de la circuncisión que habían venido con Pedro se quedaron atónitos de que también sobre los gentiles se derramase el don del Espíritu Santo. Porque los oían que hablaban en lenguas, y que magnificaban a Dios (Hechos 10:44-46).

Finalmente, en el quinto relato se registra lo ocurrido en Éfeso:

Aconteció que entre tanto que Apolos estaba en Corinto, Pablo, después de recorrer las regiones superiores, vino a Éfeso, y hallando a ciertos discípulos, les dijo: ¿Recibisteis el Espíritu Santo cuando creísteis? Y ellos le dijeron: Ni siquiera hemos oído si hay Espíritu Santo. Entonces dijo: ¿En qué, pues, fuisteis bautizados? Ellos dijeron: En el bautismo de Juan. Dijo Pablo: Juan bautizó con bautismo de arrepentimiento, diciendo al pueblo que creyesen en aquel que vendría después de él, esto es, en Jesús el Cristo. Cuando oyeron esto, fueron bautizados en el nombre del Señor Jesús. Y habiéndoles impuesto Pablo las manos, vino sobre ellos el Espíritu Santo; y hablaban en lenguas, y profetizaban (Hechos 19:1-6).

Parham estaba intrigado, pero no convencido. «Veo las lenguas en tres de los bautismos» dijo él, «pero no en Samaria, ni en el caso de Pablo».

«No» dijo uno de los estudiantes, «pero sabemos que Pablo tenía el don de lenguas, pues él dice: "Doy gracias a Dios que hablo en lenguas más que todos vosotros" (1 Corintios 14:18). ¿Cuándo recibió este don? ¿Podría haber sido en su bautismo [con el Espíritu Santo]?».

Parham consideró estas palabras en silencio. «¿Qué de Samaria?», dijo él finalmente.

«En Samaria, Simón el mago estuvo bastante impresionado por algo que vio cuando la gente era llena con el Espíritu Santo, tanto, que le ofreció dinero a Pedro a cambio de ese poder. ¿Qué podría haber sido esto tan especial que él vio? No eran los milagros ni las sanidades, pues ya había visto estas cosas antes. Había estado siguiendo el ministerio de Felipe por varias semanas debido precisamente a esas señales. Así es que, cuando Pedro y Juan llegaron a Samaria los cristianos recibieron el Espíritu Santo, y Simón vio entonces algo nuevo, algo diferente. ¿Podrían haber sido las lenguas?

Dicho esto, Parham se infectó con el mismo entusiasmo: «¿Podría ser esta la evidencia que hemos estado buscando?». Era ya tarde, en la noche. «Me gustaría saber qué sucedería si mañana oráramos todos juntos pidiendo a Dios recibir el bautismo de la misma manera que es descrito en la Biblia, con el hablar en otras lenguas».

La mañana siguiente todos en «la locura de Stone» se unieron a esta oración. Ellos oraron durante toda la mañana y hasta la tarde. La atmósfera dentro de la mansión cambió: todos estaban expectantes. Sin embargo, llegó el crepúsculo de ese día y nada ocurrió.

Entonces esa noche, cerca de las 7:00 p. m.—en vísperas del año nuevo, 1901—, una joven estudiante, Agnes N. Ozman, recordó algo. ¿Era verdad que muchos de los bautismos descritos en Hechos estaban acompañados de una acción en conjunto con la oración? ¿No era que muchas veces les eran impuestas las manos a quienes deseaban recibir el bautismo? Ella encontró la referencia de esto en la Biblia. Aquí está, en Samaria, en Damasco, en Éfeso, ahí siempre aparece la palabra «manos». «Entonces les imponían las manos»; «Cuando vio Simón que por la imposición de las manos»; «y poniendo sobre él las manos».

En ese momento la señorita Ozman buscó a Charles Parham, y le comentó su descubrimiento.

«¿Podría orar por mí de esa manera?» preguntó. Parham vaciló lo suficiente que hasta tuvo que hacer una oración breve para solicitar a Dios su aprobación. Luego, gentilmente colocó sus dos manos sobre la cabeza de la señorita Ozman. Inmediatamente, y con quietud, de los labios de ella empezaron a fluir unas sílabas que ninguno de los presentes podía entender.

Los Pentecostales han registrado esta hora, las 7:00 p. m. en las vísperas del año nuevo 1901, una fecha clave en su historia. Ellos señalan esta fecha como la primera vez, desde los días de la iglesia primitiva, que buscando el bautismo en el Espíritu Santo se esperaba que las lenguas fuera la evidencia inicial.

Ahora todos en «la locura de Stone» oraban con creciente fervor por la visita del Espíritu Santo. Uno de los cuartos, todavía en obra negra, dentro de la mansión, fue habilitado como cuarto de oración, en un esfuerzo por recrear la configuración del aposento alto en Jerusalén, en los días de Pentecostés. En los próximos tres días hubo muchos bautizados, y todos denotaron la misma misteriosa evidencia: hablaron en otras lenguas. El 3 de enero, Parham mismo y una docena de otros ministros de varias denominaciones presentes con él en ese cuarto, recibieron el bautismo y hablaron en otras lenguas. Emocionados por lo que había sucedido, ellos hicieron planes para hacer un gran viaje misionero que cruzara el país y aun llegara al Canadá.

Llegaron hasta Kansas City.

Ahí, fueron recibidos con una hostilidad abierta. Ninguno quería escuchar el mensaje del que Parhan estaba tan seguro. Él y sus amigos ministros fueron descuartizados por el clero local y por la prensa, y el pequeño grupo se desintegró. Parham fue dejado sin apoyo, sin fondos, sin un púlpito, y al final, incluso sin comida. Así que, pasadas unas cuantas semanas, Parham regresó a Topeka solo para recibir otro golpe bajo: «la locura de Stone» se había vendido. Aquel monstruo de construcción, aquel lugar que significaba tanto para esta pequeña escuela, tenía que ser desalojado, y con la pérdida de un lugar de reunión, la escuela se desmanteló.

Charles Parham comenzó a predicar en las esquinas de las calles. Él llamó a su ministerio «mensaje del *evangelio completo*» queriendo decir que él creía que el Evangelio debía ser predicado en su totalidad, sin dejar las lenguas fuera, o las sanidades, o cualquiera de los dones prometidos mediante el Espíritu. Pasaron tres años y ninguno quiso escuchar su mensaje. Entonces, en el verano de 1903, Parham llegó a la ciudad balnearia de El Dorado Springs, Missouri. Y fue ahí que ocurrió un cambio dramático en su ministerio.

Se decía que las aguas de El Dorado eran buenas para curar toda clase de dolores y achaques, y Parham aprovechó esa atmósfera de necesidad para predicar utilizando unos escalones cercanos a los manantiales como plataforma. Después del sermón, Parham invitó a todos los enfermos que desearan recibir oración a acudir a una pequeña cabaña que él y su esposa habían rentado cerca de ahí. Muchos llegaron. Y desde el primer día, muchos reportaron que su condición había mejorado. La voz se fue pasando en el área, y les fue dicho que había un hombre dotado con poderes inusuales. Y era claro que sus motivos no eran obtener ganancias: él nunca cobró un solo centavo, incluso, nunca recaudó una ofrenda.

Una de estas personas que vino a recibir los servicios gratuitos de sanidad ofrecidos por Parham fue una mujer llamada Mary Arthur. La señora Arthur había perdido la vista. Ella había sido operada en dos ocasiones, pero su condición, en lugar de mejorar, había empeorado. El día en que ella visitó la cabaña de Parham solo podía ver con un solo ojo, y esto con dolor.

Durante el servicio, Parham impuso sus manos sobre sus ojos y oró que el Espíritu fluyera a través de él, para sanidad. La señora Arthur se levantó (porque estaba arrodillada), conmocionada e incrédula. Sin embargo, algo había ocurrido: mientras que minutos antes ella tenía que mantener los ojos cerrados para evitar el dolor, ahora podía mirar directamente hacia la luz sin sentir molestia alguna.

La señora Arthur regresó a su casa en Galena, Kansas, y comenzó a contarle a todos acerca de este nuevo y maravilloso ministerio. Pocas semanas después, ella invitó a los Parham a venir a Galena para celebrar servicios en su casa. La aceptación a esta invitación fue un punto de inflexión en el ministerio de Parham, ya que, en Galena, el mensaje pentecostal estalló.

En unos cuantos días, la sala de la casa de los Arthur estaba repleta de gente. Unos amigos erigieron una carpa en un lote baldío contiguo; sin embargo, este recinto fue insuficiente casi de inmediato, ya que llegaron a Galena —en masa— gente de las poblaciones vecinas. Entonces Parham y sus amigos rentaron una vieja bodega en las afueras del pueblo. El invierno estaba llegando, por lo que, para calentarse, colocaron estufas barrigonas a los lados del espacio abierto dentro de la bodega; y para sentarse, habilitaron bancos colocando tablones sobre barriles. Y allí, en la iglesia-bodega, Charles Parham predicó a Cristo en su ministerio de evangelio completo, esto es, con el bautismo en el Espíritu Santo.

Noche tras noche la gente se agolpaba en la rudimentaria iglesia para marcharse, horas después, llevándose historias de curaciones extrañas y experiencias místicas. El diario Cincinnati Enquirer envió un reportero a dar cobertura al avivamiento de Galena. Su reporte está fechado el 27 de enero de 1904:

> Dudo que en los últimos años haya ocurrido algo que haya despertado tanto el interés, incitado tantos comentarios o desconcertando a tanta gente en la región como lo que está ocurriendo en las reuniones religiosas celebradas por el reverendo C. F. Parham. Han transcurrido ya tres meses desde que este hombre llegó a Galena, y durante este tiempo ha sanado a más de 1,000 personas y al menos 800 más se han convertido [al cristianismo]... Personas que no habían caminado durante

años sin la ayuda de muletas se han levantado del altar sanos: ahora ya no las necesitan... Aquí, los creyentes reciben algo a lo que se le ha llamado «el Pentecostés», lo cual les permite hablar en lenguas extranjeras, idiomas que les eran completamente desconocidos. Esto, por sí solo, es considerado una de las cosas más notables de la reunión. La semana pasada, una mujer se levantó durante la reunión y habló durante diez minutos, sin que aparentemente nadie en la audiencia supiera lo que decía. Sin embargo, un indio proveniente de la reservación de los Pawnee, quien estaba entre los congregantes, declaró que ella estuvo hablando en el idioma de su tribu y que él pudo entender cada palabra de lo que ella dijo.

Parham permaneció en Galena por tres meses, enseñando, predicando y sanando a los enfermos. Cuando finalmente se fue de la ciudad, había cumplido un sueño que tuvo desde que estuvo en «la locura de Stone»: fundar otra escuela. Cinco años después, y casi en el mismo día del año en que abrió la escuela de Tokepa, Parham estaba anunciando la fundación de la segunda escuela, esta vez en Houston, Texas; y fue precisamente ahí que apareció en la escena otra de las grandes figuras históricas del pentecostalismo: W. J. Seymour.

Seymour era un ministro ordenado de raza negra; y fue él quien llevó el mensaje Pentecostal a California, a una de las direcciones famosas de la historia pentecostal: 312 Azusa Street, Los Ángeles.

Llegó a Los Ángeles, maleta en mano, sin imaginarse el revuelo que habría de provocar. Lo habían invitado a predicar a una pequeña iglesia de gente de raza negra. Y él, fresco de su experiencia como estudiante de la escuela de Parham, abrió lo que tuvo la intención de ser una serie de sermones que hablaran del Espíritu Santo y del fenómeno del hablar en lenguas. Sin embargo, esto, para los ancianos de la pequeña iglesia, era demasiado escandaloso; fue así que el día siguiente en que Seymour se presentó para predicar, encontró la iglesia cerrada.

No obstante, una de los miembros de la iglesia no estuvo de acuerdo con este trato, e hizo a Seymour una propuesta: si él quería, podría predicar en su casa. «La casa está en el lado antiguo [de la ciudad]», dijo ella, «pero será mejor que nada».

Por tres días Seymour predicó ahí, y con quietud y argumentos lógicos soportados por las Escrituras, dio a conocer su posición. Luego sucedió algo sorprendente: la tarde del 9 de abril de 1906, mientras él estaba hablando, la gente comenzó a recibir el bautismo en el Espíritu Santo. Ellos hablaron en lenguas, rieron, gritaron y cantaron hasta que tal escena debió tener un paralelo con el Pentecostés original, cuando Pedro y sus acompañantes fueron acusados de estar ebrios.

La noticia se esparció. En la mañana siguiente, la multitud se agolpó en aquella casa vieja y desvencijada, y muchos se quedaron afuera, esperando tener una oportunidad de entrar. Los gritos y los cánticos resonaban por el techo. Aplausos y zapatazos se oían; y fue tanto el movimiento, que el edificio empezó a temblar. Nadie se daba cuenta, pero con otro ¡gloria a Dios!, los cimientos no resistieron: el piso se colapsó, las paredes se derrumbaron y el techo se vino abajo. Nadie resultó dañado, pero fue evidente que el rápido crecimiento de las reuniones requería un lugar más grande; y claro, una construcción más sólida. Después de buscar un poco, encontraron un local en el 312 de la calle Azusa.

La calle Azusa estaba localizada en una parte modesta de la ciudad. El vecindario era un aserradero, un establo y una fábrica de lápidas. Sin embargo, al menos nadie sería perturbado por el exuberante «vino nuevo» de la congregación. El edificio de dos plantas había sido un establo de caballos, fue luego parcialmente destruido por el fuego, y finalmente abandonado. Un techo plano reemplazó el quemado, dando a la estructura la apariencia de una escopeta. Los adoradores encalaron la fachada del edificio y arrastraron barriles de clavos para habilitar los asientos. El Sr. Seymour se sentaba tranquilamente en un extremo de la gran sala de la planta baja, orando constantemente y predicando de vez en cuando. Él era el líder, pero era guiado más por sugestión que por dirección.

El avivamiento de la calle Azusa permaneció por tres años. Ricos y pobres por igual venían para curiosear. Gente llegó de los poblados cercanos, de la región central del país, de Nueva Inglaterra, del Canadá, de la Gran Bretaña. Hubo blancos y negros, viejos y jóvenes, educados e iletrados. Reporteros de todo el país llegaron para investigar, y ya sea que fuese favorable o desfavorable su reporte, siempre tuvieron material para una buena historia.

Durante mi investigación estuve en comunicación con uno de los pocos testigos sobrevivientes del avivamiento de la calle Azusa. Este fue el Sr. Harvey McAlister de Springfield, Missouri, el cual afirmaba haber visitado personalmente la misión muchas veces. Por cierto, en una de sus cartas, él me contó un suceso interesante. Harvey McAlister escribió:

> Mi hermano Robert E. McAlister, ya muerto, presenció un suceso interesante en Los Ángeles, el cual luego compartió conmigo. Se trató de una chica —la cual yo mismo conocía bien (también conocía bastante bien a sus padres)—, llamada Kathleen Scott. El suceso tuvo lugar en la misión de la calle Azusa.
>
> Sucedía que había gente de todas partes del mundo que viajaba para investigar lo que estaba sucediendo ahí. Había un auditorio grande con un «aposento alto» en la planta alta. El lugar estuvo abierto las 24 horas por varios años, con servicios de predicación dos o tres veces por día, y gente orando en el «aposento alto» día y noche. Cada vez que concluía una predicación, las multitudes se retiraban al «aposento alto» para orar. Cuando se llegaba el tiempo de la predicación, alguien sonaba la campana y entonces todos bajaban para el servicio.
>
> Kathleen estaba en el «aposento alto», en sus años de adolescencia en aquel tiempo. Un hombre entró al edificio. En ese preciso momento no había ningún servicio de los acostumbrados en progreso; pero cuando el hombre escuchó que la gente estaba orando, se aventuró a subir al cuarto de arriba. Cuando hubo subido los escalones suficientes para poder verle, de inmediato, Kathleen, movida por el Espíritu, lo señaló y habló en un idioma distinto al suyo durante varios minutos. Al instante la campana que señalaba el inicio del servicio sonó, y la gente se levantó de orar y se dirigió a las escaleras. Kathleen también se aproximó a las escaleras, pero el hombre la tomó del brazo y la llevó con él hasta el sitio del púlpito y esperó hasta que hubo la oportunidad de hablar ante todos. Entonces dijo:
>
> «Soy judío y vine a esta ciudad para investigar este fenómeno del hablar en lenguas. Ninguna persona en esta ciudad conoce mi nombre y

apellido, pues estoy aquí portando una identificación falsa. Ninguna persona en esta ciudad conoce mi ocupación ni absolutamente nada sobre mí. Me dedico a escuchar a los predicadores con el propósito de desmenuzar sus sermones para luego confeccionar con ellos conferencias en contra de la religión cristiana.

» Cuando entré y subí las escaleras, esta jovencita empezó a hablar en hebreo. Ella pronunció perfectamente mi verdadero nombre y mi verdadero apellido, y me dijo la razón por la que ando en esta ciudad y la manera en que me he ganado la vida; finalmente, ella me urgió a que me arrepintiera. Ella ha dicho cosas sobre mi vida que sería imposible que cualquier persona de esta ciudad supiera».

Entonces —concluye el Sr. McAlister en su carta—, el hombre cayó sobre sus rodillas, lloró a gritos y oró con un corazón quebrado en pedazos.

Este fue el avivamiento de la calle Azusa. Sin bombo y platillo, sin publicidad, coros, bandas, ni ninguno de los elementos que usualmente acompañan a los avivamientos. El movimiento que nació en un establo de caballos siguió adelante. Todo el día, toda la noche, y durante más de mil días.

CAPÍTULO V

Una manera loca de crecer

Llegó la primavera de 1960 con su bello follaje, y un cambio en nuestro garaje: colgamos las palas para la nieve, y descolgamos la manguera y la podadora de césped. Esa mañana, una circular apreció en nuestro buzón de correo: «¿Quieres sentirte orgulloso cuando tus amigos vean tu césped?». Al leer esto pensé en la vaca pastando en el césped frontal de «la locura de Stone».

La primavera había llegado y mi viaje por el extraño mundo de los pentecostales seguía siendo un asunto ajeno a mi persona, uno en el cual yo *no* me involucraba. Era como viajar en un tren rápido a través de un país extranjero, por cuya ventana podría ver a hombres y mujeres trabajando, pero nada más.

No obstante, una cosa sí estaba dispuesto a admitir: de seguro había algo misterioso y fuera de lo ordinario operando durante aquellos primeros años del avivamiento pentecostal. Por todo el mundo, las iglesias pentecostales habían estado surgiendo, y todas casi al mismo tiempo, coincidiendo —tan solo a unos pocos años de diferencia— con el cambio de siglo. Lo raro de esto era que, aparentemente, no había conexión discernible entre los distintos grupos, no había una conexión que el historiador podría señalar diciendo: «La iglesia B se desarrolló a partir de la iglesia A».

Algunos de los primeros visitantes de la misión de la calle Azusa, por ejemplo, fueron un grupo de inmigrantes armenios, los cuales no encontraron nada nuevo en la manifestación pentecostal. 20 años antes, un movimiento similar (con las lenguas) había surgido entre los presbiterianos en Armenia. Cuando estos pentecostales presbiterianos emigraron a California, trajeron consigo su forma de adorar, y habían estado aislados hasta que descubrieron —para su sorpresa— un movimiento paralelo en la calle Azusa que estaba en marcha.

En medio de las montañas Unicoi en Carolina del Norte, miembros de un pequeño campamento de la Creek Baptist Church empezaron también —casi de forma independiente—, a hablar en lenguas. Estos jamás habían tenido contacto con otros que también hablaban en lenguas; y, de hecho, no sabían que tal fenómeno existiera.

En India, los quietos miembros de la Church Missionary Society [CMS] de Gran Bretaña se sorprendieron cuando una jovencita india de 16 años comenzó a hablar un lenguaje que nadie podía identificar, y eso lo estuvo haciendo cada vez que oraba. Entonces consultaron al canónigo de la catedral en Bombay, quien invitó a sus amigos a orar con la jovencita con la esperanza de encontrar a alguno que pudiera entender su lenguaje. Finalmente, alguien pudo identificarlo: era árabe, y las oraciones que ella ofrecía eran por el resguardo de la iglesia en Libia, un país tan lejano, del que nadie, incluso ella, sabía siquiera de su existencia. Ahora otros cristianos indios comenzaron a experimentar ese fenómeno —el de hablar un lenguaje no aprendido—, y pronto el avivamiento ardió. La historia fue incluida en un folleto publicado por la misión en septiembre de 1906. ¡La publicación se puso en circulación y distribuida precisamente durante el tiempo en el que, en los Estados Unidos, ocurrían eventos similares!

Me intrigaban estos afloramientos de las lenguas, aparentemente espontáneos y sin relación entre ellos, en distintas partes del mundo. ¿Qué significaba todo ello?

Aun cuando el ímpetu de una experiencia podría señalarse como consecuencia de otra, la prontitud de cómo este «nuevo mensaje» era abrazado me parecía algo inusual. Era como si hubiese una sola tierra preparada —emocional y espiritualmente— para las personas correctas en el tiempo correcto, las cuales estuviesen unidas para propiciar todo un movimiento [global]. Una de las mujeres de las misiones de CMS escribió un pequeño libro que habla de sus experiencias en donde estuvo. Este fue enviado a las personas que ella seleccionó alrededor del mundo, y una de las copias llegó a la casa parroquial de la Iglesia

Metodista Episcopal en Valparaíso, Chile. El pastor, W. C. Hoover, lo leyó con gran interés, y luego escribió (según lo citado por Donald Gee, publicado en el Pentecostal Movement [Elim Publishing Co, Ltd, 1941]):

> Durante el año o más desde que recibimos este librito, lo hemos estado compartido con nuestra gente, queriendo que estas buenas (aunque extravagantes) noticias se extiendan, y lograr con ello —este es nuestro más ferviente deseo— un avivamiento entre nosotros. Desde la primera noche... que hicimos el llamado a orar, algo asombroso sucedió: toda la congregación (de quizá 150 personas), estalló como un solo hombre en una oración audible. Ocurrieron notables manifestaciones y sueños, uno tras otro, y... todo esto terminó en experiencias presentes en un gran número de personas, las cuales es adecuado decir se asemejan a las de Hechos 2. Multitudes vinieron a ver... la asistencia creció exponencialmente. La asistencia del domingo por la noche excedía los 900.

Algunas veces el avivamiento se extendía de un lugar a otro simplemente como resultado de un reporte de periódico relatando el avivamiento en algún lugar. El movimiento alcanzó el sureste chino de esta manera. Los misioneros de las escuelas [cristianas] de Wuchow, China leyeron el extraño relato de lo ocurrido en la calle Azusa en el periódico. Y un poco después, un sábado por la noche, en medio de una silenciosa reunión de oración, uno de los profesores de Wuchow comenzó a hablar un lenguaje que él no podía entender. Este era el inicio de un gran avivamiento en la China.

Los pioneros del movimiento pentecostal moderno fueron, en su mayoría, gente callada y poco atractiva. No había entre ellos Luteros ni Knoxes ni Calvinos ni Foxes ni Wesleys, no se trataba de individuos que atraían adherentes a su mensaje debido a su personalidad. Más bien, la gente que acudió a la calle Azusa eran gente promedio, en su mayoría pobres y frecuentemente iletrada. Pero donde quiera que regresaban a casa, cualquier cosa que dijeran encendía el fuego. Pronto, estos grupos pequeños de pentecostales se extendieron en donde ellos vivían: en Chicago, en Winnipeg, en Nueva York, en Little Rock. Y más lejos: en Londres, Suderland, Amsterdam y Oslo; también en

Calcuta y Allahabad y Mukti (ciudades de la India), etc., ya que gente de todo el mundo fue a ver lo que sucedía en la calle Azusa.

En todas partes la historia era la misma. Esta gente ordinaria regresaba a casa con un mensaje y este era instantáneamente recibido. Parecía que ninguno necesitaba poseer un don de convencimiento (afortunadamente, pues estas personas no lo poseían). Con frecuencia, parecía que quienes escucharan hubiesen estado esperando por mucho tiempo estas noticias; y al escucharlas, las reconocieran de inmediato; por tanto, el trabajo persuasivo era virtualmente innecesario.

No obstante, a la par con este reguero de pólvora, aparentemente sin necesidad de esfuerzo, que hacía que se propagara el mensaje pentecostal, había una reacción opositora. Una reacción igualmente fuerte e igualmente instantánea: un amargo antagonismo.

Podría reconocer ese sentimiento. Yo mismo lo había sentido —aunque ligeramente— el día siguiente a nuestra visita a Rock Church: por aquel tiempo había repelido en su totalidad el tema y no me interesó más. Sin embargo, mi reacción había sido una llovizna comparada con la oposición huracanada presente en algunos lugares.

El escenario era una escuela de una sola aula con estructura de madera en Camp Creek, en las montañas de Carolina del Norte. Estaba en marcha un avivamiento. Algunos venían de lejos (de hasta a 30 millas [48 km] de distancia), caminando, o bien, en carretas tiradas por bueyes. Durante el día, la gente se reunía en la ladera contigua a la escuela. Por la noche, en el interior, a la luz de una lámpara. Y día tras día, en la reunión había un creciente sentido de expectación. De esto, Charles W. Conn escribió para el Mighty Army (una publicación de Church of God Publishing House, 1955):

> En los períodos de oración fervorosa uno o dos de los miembros, estando concentrados en su oración, fueron tomados por el Espíritu Santo y empezaron a hablar en un lenguaje desconocido. Estos sencillos cristianos no podían entender lo que estaba sucediendo, ni los miembros más antiguos de la escuela recordaban que hubiese sucedido algo parecido en su historia. Un total desconocimiento de la historia eclesiástica impedía que ellos relacionaran tales manifestaciones con algún

otro despertamiento o avivamiento del pasado. Pronto otros comenzaron a tener similares experiencias extáticas, y sin importar el lugar, el tiempo y la circunstancia contingente a la experiencia, algo era común a todos: hablaban en lenguas, o lenguajes desconocidos para quienes los escuchaban con asombro y esperanza.

Las noticias del gran derramamiento espiritual se difundieron como fuego en la pradera en todas direcciones hasta que curiosos y creyente corrían de un lado a otro para ser testigos de esta cosa extraña. En sitios lejanos hubo quienes detuvieran la labranza a mitad del día; dejaran que la leche se hiciera agria en los cántaros; ordeñaron las vacas ya tarde; alimentaron los bueyes con prontitud, y en sus carretas se dirigieron por las colinas hacia Camp Creek.

Al principio, la recepción del avivamiento por las iglesias locales fue excelente. Los hombres regresaban a sus hogares hablando de sus vidas transformadas y de su nueva relación con Cristo. Los clérigos apenas podías creer lo que escuchaban e instaban a su gente a asistir a las reuniones.

No obstante, en breve se produjo una reacción. Esta llegó tan inesperada y tan rápidamente como el avivamiento mismo. De la noche a la mañana, los líderes de las iglesias se volvieron hostiles. Los ancianos de una agrupación de iglesias bautistas barrieron con 33 miembros de su conferencia. ¿La ofensa? Ellos habían hablado en lenguas. Un grupo de ministros fueron ante los oficiales del condado y los persuadieron para que retirasen a los pentecostales el permiso de usar la escuela de Camp Creek. Una noche, cuando los pentecostales intentaron reunirse, encontraron el edificio con las puertas y ventanas bien cerradas. Sin embargo, no intimidados por el suceso, construyeron su propio lugar de reunión usando troncos.

La oposición entonces tomó medidas más drásticas. Un grupo de granjeros se deslizaron sigilosamente en medio de una noche lluviosa y prendieron fuego al nuevo templo. La lluvia lo apagó; sin embargo, unas cuantas semanas después, el templo fue dinamitado. Ante ello, la respuesta de los files del avivamiento fue valiente: lo reconstruyeron. Finalmente, una mañana —esta vez a plena luz del día— más de un centenar de hombres se citaron en el edificio de la pequeña iglesia. Entre los congregantes estaban ministros ordenados, diáconos, ancianos, un juez y un alguacil. Mientras los miembros de la nueva iglesia estaban ahí, sin poder hacer nada, este grupo de gente desmanteló el edificio tronco por tronco, luego apilaron la madera a un lado de la calle y le prendieron fuego. Después dijeron que, al desmantelar el templo previamente, no quemaron un recinto sagrado, simplemente prendieron fuego a un montón de leña.

Los fieles del avivamiento no intentaron reconstruir un nuevo templo esta vez, sino que ahora se empezaron a reunir en las casas. Así que, sus enemigos usaron otras tácticas. Ellos arrastraron a los miembros de la nueva congregación de sus camas en la noche, y los azotaron. Cada vez que ellos celebraban los servicios en sus patios sus enemigos les tiraban piedras y botellas de vidrio. Les dispararon con rifles, contaminaron los arroyos de sus sembradíos y les quemaron sus casas hasta los cimientos.

Estos actos de violencia continuaron durante varios años, hasta que finalmente fueron acallados por la voz de una mujer. Su nombre era Emiline Allen, y fue esposa de uno de los líderes del nuevo movimiento. Un día un grupo sostenía un servicio en la casa de los Allens cuando 25 o 30 hombres irrumpieron en el patio blandiendo palos, cuchillos y pistolas y exigiendo que la congregación se dispersara, pues de otra manera prenderían fuego a la casa. De este incidente, Conn dice en su libro:

> La intrépida esposa de Allen, Emiline, con dulce y encantadora autoridad se enfrentó a los hombres en el patio y les pidió que entraran, cosa a la que ellos se negaron refunfuñando y lanzando amenazas fatuas. Entonces, ella dijo: «No hay razón para esconderse detrás de máscaras cuando yo conozco a cada uno de ustedes. Ustedes son nuestros vecinos, así que, no necesitan esconderse cuando deseen visitar nuestra casa. Ahora, quítese esa vestimenta, y les prepararé una cena caliente. Pero no dejaremos de servir al Señor».

> Los hombres intentaron en vano de volver a su antigua ferocidad, pero la caridad cristiana de esta valiente mujer les había apagado los ánimos. La multitud se desintegró lentamente en confusos conjuntos de dos o tres; luego se marcharon, tratando de cubrir su confusión con bravatas. No llevaron a cabo sus amenazas ni volvieron a molestar a los fieles.

Casi todas las reuniones de los jóvenes pentecostales, precedidas por W.C. Hoover en Chile, tuvieron enfrentamientos y persecución similares. Los reporteros de los periódicos llegaban a los servicios en búsqueda de historias sensacionalistas, y Hoover mismo fue el centro de una publicidad escabrosa. Un periódico lo demandó penalmente, acusándolo de darle a beber al pueblo una «una bebida perniciosa, llamada "la sangre del Cordero", la cual le producía un letargo, y que por ello caían al suelo».

Debido a esta demanda, pronto Hoover tuvo problemas con sus superiores. Su obispo trató de suspenderlo, pero él reusó continuar predicando. Finalmente, Hoover fue forzado a abandonar la iglesia metodista y tuvo que conducir su congregación como un ministro independiente.

Lo interesante fue que la persecución, antes que destruir al movimiento pentecostal, solidificó a los grupos pequeños que estaban indecisos, y les dio una unidad que de otra manera nunca podría haberse logrado. El avivamiento de Camp Creek se convirtió en la Iglesia de Dios, una de las denominaciones pentecostales más grandes. El avivamiento de Chile al final se convirtió en la Iglesia Metodista Pentecostal, la cual hoy tiene una membresía de más de 600, 000 [2]

Pero a pesar de su obvia futilidad, la persecución de los pentecostales continuó. La gente que busca una razón por el continuo antagonismo de los pentecostales se inspira usualmente en el punto de «las manifestaciones físicas». Hablar en lenguas, gritar, llorar, rodar por el suelo, todas estas cosas parecen ser —para muchos— una clase de emocionalismo destructivo para la adoración. Sin embargo, aunque estas cosas pueden provocar disgusto, difícilmente explican la verdadera ira que los pentecostales frecuentemente despiertan en sus opositores. El Dr. Van Dusen probablemente estuvo más cerca del corazón de este asunto cuando preguntó al obispo anglicano de dónde provienen los convertidos pentecostales. Muchos provienen de las filas de los

---

[2] Este dato obedece a las cifras de las fechas cuando este libro fue publicado por primera vez (1964).

paganos; sin embargo, sin duda, muchos también fueron arrancados de las bancas de otras iglesias.

Los católicos romanos, en especial, han sido duramente afectados. Docenas de congregaciones de hispano-hablantes han surgido en Nueva York. Y entre los católicos se ha difundido una historia que dice que los pentecostales han hecho una nueva traducción de la Biblia. En la Biblia católica Jesús ordena a Pedro a «alimentar sus ovejas», mientras que, en la versión pentecostal, Jesús dice [según ellos]: «¡roba mis ovejas!». Y en esto —dicen ellos—, los pentecostales son expertos.

No obstante, las iglesias protestantes han sido mermadas también. Las cifras gubernamentales de un comparativo de crecimiento de iglesias entre 1926 y 1936 muestran que, en este período, las iglesias tradicionales han perdido dos millones de miembros: un ocho por ciento del total. Mientras tanto, en el mismo período, las cifras de crecimiento de los pentecostales muestran:

Asambleas pentecostales: 264.7 % de crecimiento.
Asambleas de Dios: 208.7 % de crecimiento.
Iglesia de Dios: 92.8 % de crecimiento.

De dónde, muchos se preguntaban, ¿de dónde provenía todo este grueso de gente?, ¿tendría algo que ver con los dos millones faltantes entre los protestantes?

Tanto los católicos como los protestantes se preguntaban adónde irían sus miembros, pero no *por qué* se iban. ¿Qué hacía de los pentecostales ser tan atractivos? Nadie se molestó en preguntar esto, y cuando los pentecostales ofrecieron voluntariamente la información lo hicieron de tal manera que generó antagonismo. Estalló una guerra de panfletos entre los pentecostales y cualquier denominación que quisiera responder. Agresivos (aunque evangélicos), con una lealtad de mártir a sus creencias, los pentecostales se ganaron una reputación de estrechos: Si no lo haces a mi manera, estas totalmente equivocado. Y entre los *más* equivocados aún estaban «los liberales», quienes mientras difundían el evangelio, se dedicaban a construir hermosos templos.

Rápidamente, las paredes entre los pentecostales y el resto de la cristiandad se erigieron. Las iglesias tradicionales descartaron a estos que hablaban en lenguas como seguidores de una moda pasajera que pronto se desvanecería; en tanto que los pentecostales descartaron a las iglesias tradicionales por haber perdido de vista el poder dinámico presente cuando nació la Iglesia.

Invisibles entre sí tras sus muros, los dos bandos tomaron caminos separados. Ninguno intentó buscar valores en el otro, ni siquiera tuvo la noción de que existieran tales valores. Durante cincuenta años ambos se perdieron de vista, hasta que, de pronto, abruptamente, se produjo un cambio.

CAPÍTULO VI

Libertad a través de los tiempos

¿Cómo va el libro? Preguntó Tib. Ella en ese momento estaba pasando los platos de los estantes de la cocina a unos recipientes especiales provistos por la compañía de mudanza.

«No lo sé...» contesté mientras echaba un vistazo a través de la ventana de la cocina en plena brillantez del mes de junio. «Estoy harto de las riñas en las iglesias. Los últimos tres libros que saqué de la biblioteca no me dijeron nada sino de lo mal que están los demás».

El hecho era que ahora los golfistas estaban por doquier en el campo —el que yo observaba desde la ventana de mi ático—. Para mí, todo el tema de la religión, de la experiencia real de Dios, y de las visiones místicas del hospital, me parecían cosas increíblemente remotas. Sin embargo, en mi corazón esperaba que mis exploraciones de la historia pentecostal también pudieran producir algunas respuestas personales. Respuestas a mi propia vida religiosa seca, cosa que sentía que no ocurría con los pentecostales.

Pero parecía que no había respuestas, sino solo nuevos problemas, y el libro se había convertido más en una tarea que en una aventura. Los pentecostales eran solamente seres humanos confundidos y yo era otro.

Un camión de Good Humor [camión de venta de helados] avanzó por la calle y, como en un truco de magia, aparecieron tres caras en la puerta mosquitera.

«Podemos...» comenzó Donn.

«No» dijo Tib desde el interior de la alacena.

«Tenemos helado para la cena».

Las caras desaparecieron.

Nos estábamos mudando, felices porque todos en la familia tendríamos nuestro propio cuarto. En ese momento había en la familia un problema de espacio. Tib es también escritora, por lo que nuestras oficinas, juntas, ocupaban el espacio del ático de nuestra pequeña casa. En la planta baja había dos cuartos. Scott y Donn estaban en una, Elizabeth y la lavadora en la otra, y Tib y yo dormíamos en un sofá cama instalado en la sala. Recientemente habíamos encontrado una casa más grande, y el día de nuestra mudanza era en dos días.

Y yo tenía que dar una noticia: había invitado a cenar a un hombre quien me daría información clave para el libro.

«Hablando de la cena» comencé... pero en eso Tib emergió de la alacena, ella todavía estaba pensando respecto a mi investigación.

«Pienso que sé cuál es el problema» dijo ella.

«Pienso que has estado invirtiendo demasiado tiempo en la biblioteca, y no suficiente tiempo con la gente».

Se estaba abriendo el cielo delante de mis ojos. «¡Es correcto!» dije emocionado. «Estoy totalmente de acuerdo. De hecho, he invitado a alguien a cenar esta noche».

El ruido del papel cesó abruptamente. «¿Tú has hecho qué?»

«Es un predicador».

Los ojos de Tib viajaron de los gabinetes de madera en la cocina hasta las cajas apiladas en la sala.

«Su nombre» me apresuré a decir, «es David DuPlessis. Él es de Sudáfrica. Es uno de los pentecostales más influyentes en el mundo hoy en día. Solo estará en la ciudad durante la noche y ...».

Ahora me miraba como si me estuviera midiendo para meterme en una caja.

«... y he reservado una habitación para él en el Kittle House». Aproveché su suspiro de alivio para añadir, «él sabe que nos estamos mudando, y me dijo que no le importaría comer frijoles fríos directamente de una lata».

«Eso es más o menos lo que será» dijo ella.

Pero le había trasmitido la noticia con tanta habilidad que ella me dirigió una sonrisa de perdón depurado mientras lo decía.

Había escuchado el nombre de David DuPlessis por todos lados. Aparentemente, se trataba de un hombre proveniente de un entorno tan aislado y defensivo como el que más, pero de repente, en su mediana edad, se había convertido en una persona extrovertida y comunicativa que hablaba con cariño y no con tono acusador en contra de las personas de otras tradiciones. «Hay un cambio que está operándose entre los pentecostales» alguien me dijo, «y si quieres saber de qué se trata, deberías conocer a David DuPlessis». Cuando me enteré de que él estaría en Nueva York, lo invité a salir, fuera semana de mudanza o no.

David DuPlessis resultó ser la clase de persona que tú podrías llamar «David» de inmediato. Tú podrías ver la chispa en sus ojos aun desde el camino que daba a la casa. En los primeros diez minutos después de haber entrado, ya se había quitado el saco y estaba envolviendo porcelana.

«Tienes a un experto ayudándote ahora» dijo él, en el acento suave característico de los sudafricanos, el cual suena británico a los oídos americanos. «Mi esposa y yo nos hemos mudado tantas veces, que empaco trastes de la manera que algunos hombres atan moscas para truchas».

Así fue como pasamos el resto de la tarde, doblando cosas, empacando y platicando. Tib tenía razón: me faltaba pasar tiempo con la gente. De lo dicho por David DuPlessis pude entrever un mundo pentecostal muy distinto a sus inicios (del que mucho había leído). El cambio había ocurrido en el lapso de un ciclo de vida, y la historia personal de David era un claro ejemplo de ello.

David DuPlessis había jugado un papel importante en el movimiento pentecostal casi desde el inicio. En 1908 —solo dos años después de Azusa— dos americanos que habían sido testigos del avivamiento llegaron a Johannesburg, rentaron una iglesia presbiteriana abandonada hacía tiempo, y comenzaron a predicar. El mensaje del bautismo en el Espíritu Santo con la evidencia de hablar en lenguas era algo nuevo en Sudáfrica, y desde el principio, grandes multitudes se reunieron para escuchar.

El padre de David fue uno de los que entró en la iglesia, tan solo por curiosidad. David tenía solo 9 años en ese entonces, pero él todavía recuerda el efecto de esa predicación en su padre. «Él actuó como un hombre en llamas», David recuerda, «quería dejar su negocio de inmediato y hacer algo para el Señor». El padre de David era un carpintero de profesión; pero, casi antes de que la familia se diera cuenta, él ya estaba en la selva africana, y ahí construyó estaciones misioneras para los pentecostales que llevaban el mensaje a los territorios nativos.

La familia de David —y después David mismo— llegaron al movimiento pentecostal en un tiempo cuando este era severamente ignorado por las iglesias más viejas. Él creció en una atmósfera cargada de resentimiento y disgusto. Cuando ya fue adulto, David decidió entrar en el ministerio pentecostal sabiendo quienes eran sus enemigos: el pecado, el diablo y los clérigos liberales. David creció con constancia en el movimiento pentecostal. Por 20 años después de su ordenación permaneció en África, predicando en su propia iglesia, trabajando como editor de un periódico pentecostal, y luego fungiendo como secretario ejecutivo del Pentecostal Fellowships en Sudáfrica. Con el tiempo, se abrieron oportunidades para trabajar en un movimiento pentecostal internacional, y empezó a viajar a Geneva, Paris, Londres, Estocolmo, etc. Para 1949 él era secretario general del World Conference of Pentecostal Fellowship. Y en cada trabajo que tuvo, él con otros, contribuyó en construir el muro de los malentendidos que separaba a los pentecostales de las iglesias de otras tradiciones.

Entonces David tuvo un accidente automovilístico. El accidente tuvo un profundo efecto sobre él, sobre su ministerio y al final, sobre todo el movimiento pentecostal. El accidente lo tuvo estado en los

Estados Unidos, cuando estaba organizando la segunda reunión general del World Conference of Pentecostals, la cual sería en París, en el verano de 1949. David, como secretario ejecutivo, tenía la responsabilidad de planear la conferencia, desde el concepto más amplio hasta el más mínimo detalle.

«Y no estaba haciendo bien el trabajo», él recuerda. «Era impaciente cuando las ideas de otros diferían de las mías. Tendía a ver los asuntos en blanco y negro, y pensaba que la gente eran villanos o héroes. Pensaba que llegar a tener ese pensamiento me había costado mucho —mediante la experiencia—, y rehusaba incluso escuchar a cualquier otro cuya experiencia apuntaba en otra dirección. En resumen, estaba repitiendo —en miniatura— el mismo patrón del movimiento pentecostal en su conjunto a gran escala».

«Entonces, en un instante, todo eso cambió».

Ya era tarde esa noche, y David estaba apurado moviéndose de una cita a otra en una región montañosa de Tennessee. Un amigo, Paul Walker, se ofreció para servir de chofer a fin de ahorrar tiempo. La noche estaba oscura y lluviosa, las nubes y la niebla obstaculizaban el camino. La conversación casi había cesado debido a lo avanzado de la hora y a lo difícil que era conducir en tales circunstancias. De repente, Walker miró con atención a través del parabrisas mojado. David recuerda las últimas palabras que dijo Paul: «Se supone que hay un puente blanco...»; él nunca terminó la frase. De repente, entre la niebla apareció un tren detenido sin luces, justo al otro lado de la carretera.

Walker trató de frenar el auto, pero el pavimento estaba resbaladizo y el automóvil derrapó y dio contra el tren.

Paul Walker fue levemente herido; pero la cabeza de David se estrelló contra el parabrisas. Luego fue expelido por el vidrio trasero resultando con la pierna izquierda rota (cerca de la rodilla), con la espalda afectada y una gran herida en el hombro.

Doce horas más tarde, David recuperó el conocimiento. Su pierna estaba en tracción. [3] Su rostro —cuya herida fue unida con 32 puntos de sutura— estaba vendado firmemente, de manera que no podía ver. Pero algo muy extraño estaba sucediendo.

«Cuando desperté», recuerda David, «sentía como si hubiese despertado de un buen sueño. Entonces el doctor me preguntó:

"¿Cómo está usted, reverendo?"

"Estoy bien", le contesté.

» El doctor se rio, pero sabía que estaba hablando en serio».

Después de que David estuviera en el hospital por una semana, otros doctores lo entrevistaron. Ellos estaban intrigados. David no tenía temperatura; comía normal y dormía perfectamente bien sin tomar drogas.

«Ya es hora que tú cuerpo tuviera alguna reacción», dijo uno de los doctores. «Deberías al menos tener fiebre. Estás bastante enfermo».

«Oh, no doctor», contestó David, «ahí estás mal. No estoy enfermo. Solo estoy herido».

No obstante, por distintas razones, David estaba tan desconcertado por su estado como lo estaban los médicos; tanto, que empezó a preguntarse si podría haber algún propósito oculto dado por Dios detrás el accidente. Parecía que todo el incidente, de alguna manera, estuvo protegido por la poderosa mano de Dios: Paul Walker no tuvo heridas graves; los daños en el vehículo fueron cubiertos por el seguro; las facturas del hospital fueron pagadas por la compañía de ferrocarril. Y David no sentí el más mínimo dolor.

«El único efecto que estaba causando el accidente era frenar mi actitud obstinada y arrolladora que habría de tener en el escaparate de

---

[3] La tracción, desde el punto de vista de la medicina, consiste en jalar los huesos o las extremidades de una manera determinada para ayudar a la recuperación.

la conferencia de París. Tenía que delegar algunos de los preparativos; y pedir ayuda, tanto de otras personas como de Dios», dijo David.

En las siguientes semanas, tirado en la cama de ese hospital, David escribió literalmente miles de cartas, dictándolas a un escribano. Y sin intentarlo siquiera deliberadamente, él notó un sutil cambio en el todo de sus cartas: de alguien que defendía firmemente una postura, a alguien que estaba «escuchando», por así decirlo, la postura de Dios, aun cuando esto significara escuchar a hombres que se le oponían.

«Supuse que la conferencia que finalmente se llevó a cabo fue un éxito», dijo David, «pero pensé que ese no era el resultado principal del accidente. Descubrí que había pasado por un proceso de templado, y simplemente ya no era el mismo hombre. Mientras que en la primera conferencia mundial había sido desesperado, ruidoso y decisivo, ahora era paciente, más amable, y tenía un hablar más suave. El accidente parecía haberme moldeado para ser el hombre que Dios necesitaba para una situación especial.

David pensó al principio que la conferencia en sí era esa situación especial. Y sí, de hecho, la conferencia tuvo un espíritu distinto. Pero fue lo que sucedió después lo que intrigó a David. A medida que los años pasaron él empezó a pensar más y más frecuentemente en un grupo que había descartado: aquellos clérigos liberales cuya opinión era que los pentecostales habían quitado el corazón al evangelio. ¿Por qué este grupo de personas venía a sus pensamientos? Por seguro, Dios no tenía la intención de que se involucrara con los liberales. «Me toparía de inmediato con sus secretarias», argumentó, «de ellas no recibiría sino una mirada de indiferencia, cuando mucho; y yo no quiero tal cosa».

David tenía el hábito de hablar en voz alta cuando oraba. Su estilo era como una especie de diálogo con Dios, siguiendo una especie de voz interna dentro de él. David había aprendido con el correr de los años a poner especial atención a esta voz. Ahora esta voz era para él muy clara cuando hacía uso de las palabras de un viejo himno «Obedecer y confiar».[4] [Trust and Obey]. Esta le parecía ser la orden de Dios.

Lo extraño era que esa confianza era de alguna manera concerniente a las murallas que él y sus compañeros pentecostales había construido en sus esfuerzos por defender la integridad del Evangelio. «Confía en mí», parecía que Dios le estaba diciendo. «Derriba las murabas. Toma la mano amiga de cualquiera que te la extienda». La impresión era tan clara que David no podía ignorarla. Al menos haría el experimento. Lo intentaría yendo a las oficinas generales de las mentes más liberales, más intelectuales y ecuménicas de todas. Para David, este grupo era fácil de reconocer: el World Council of Churches [Concilio Mundial de Iglesias].

«Está bien, Señor, si tú lo dices», dijo David, levantando el teléfono para conseguir un boleto de avión a Nueva York. En ese momento estaba en Dallas y el WCC estaba en Nueva York. Iré al WCC el próximo lunes en la mañana y a ver qué pasa».

Inmediatamente la voz interna le dijo: «No, no vayas el lunes. Haz reservaciones de manera que puedas acudir a las oficinas del WCC el viernes».

David pensó por un momento, luego colgó el teléfono. «Un momento, aquí hay algo extraño». Entonces pensó un poco más. «¿Por qué habría de ir hacia el final de semana en lugar de ir un lunes, cuando todos están frescos?

«Nadie estará ese día en la oficina» [dijo la voz].

David estaba todavía confundido, pero procedió y reservó el vuelo. Luego, el vienes por la mañana él caminó hacia el interior de las oficinas del concilio de Nueva York. No había hecho ninguna cita, y apenas si sabía algunos nombres de los que trabajaban ahí. Él no sabía qué se suponía que iba a decir, si acaso se entrevistara con alguien. Pero fue.

---

[4] Título en inglés «Trust and Obey» por John Sammis (1846-1919), compuesto en 1887.

La joven que estaba en la recepción lo miró. David explicó quién era y entonces dijo: «Está —ah— el Dr. Carpenter disponible?», se aventuró a decir, mencionando uno de los pocos nombres que sabía.

«No, lo siento, él no está disponible ahora».

«Bueno, entonces, ¿Dr. Barnes?».

«Lo siento».

«Está alguien en la oficina con quien pueda hablar?

«No, señor, ninguno».

Bueno, ahí estaba el resultado. Era la indiferencia que había esperado desde el principio. ¡Qué idea tan descabellada se le había ocurrido! ¿Qué era lo que lo había hecho pensar que sucedería algo distinto? La palabra «Pentecostal» —en algunos círculos— era la palabra que hacía que las puertas se cerraran en las narices.

«Todos están en una reunión justo ahora», continuó la recepcionista, «sin embargo, por seguro estarán aquí muy pronto, y entonces, imagino que usted podrá ver a quien quiera que desee ver». Ella le echó un vistazo al calendario que estaba en su escritorio y luego se echó a reír. «Este es el único día de la semana que todos estarán aquí. He estado rechazando a mucha gente. Pero todos ellos estarán aquí esta mañana, por lo que tiene suerte».

David se sentó, sintiéndose un poco mejor debido a lo que estaba sucediendo justo ahora. Él vio a varias personas del WCC ese viernes, y ellos no solo escucharon sino tomaban notas cuando David hablaba; tomaron el teléfono y luego las leyeron a otros. Todo eso denotó que tomaron con seriedad la conversación que habían tenido con David.

Ese era el inicio. En última instancia, el proceso templador del accidente propulsó a David a través de muchas nuevas y extrañas puertas. Encontró luego, que los mismos hombres a los cuales se había pasado la vida evitando, fueron, ellos mismos, los que lo introdujeron. Un teólogo llamaba a otro, y lo introducía. Ellos lo trasladaron del colegio a la universidad, y de la universidad al seminario.

«¿A cuáles?», pregunté.

«Veamos». Entonces sacó una liberta de citas bastante desgastada de su bolsillo. «Este último otoño estuve en varias de ellas. En octubre 27 estuve en un seminario congregacionalista en Myerstown, Pennsylvania. El día siguiente, el 28 de octubre fue invitado a hablar en la Universidad de Yale (facultad de divinidades). Y en octubre 30 y 31 estuve con unos profesores de Harvard, Yale, Union, Drew y Chicago, en un retiro especial en Greenwich, Connecticut. Luego, en noviembre 2, estuve en Princeton. En noviembre 5 estuve en el Union Seminary en Nueva York...».

David regresó su agenda a su bolsillo. «Sabes», prosiguió, «algo muy peculiar estaba sucediendo. Realmente disfrutaba celebrar esas reuniones con esos profesores y clérigos. Yo, quien, no había terminado mi segundo año de colegio. Pensé que rodearme de esa gente me haría sentir cohibido; creía que daría a conocer mi ignorancia, y esto me asustaba. Sin embargo, para mi sorpresa, estuve relajado y tranquilo. Nunca escribí mis conferencias. Incluso no utilicé notas. Simplemente me dejé usar por el Espíritu Santo como un instrumento suyo. Y lo interesante fue que me fue dado poder de expresión, el cual no poseo de forma natural».

En Seabury House, en las oficinas generales de la Iglesia Episcopal, a David le hicieron la pregunta más delicada de todas: la que en el pasado había generado más mala voluntad hacia los pentecostales que cualquier otra. Él había estado hablando con un grupo de clérigos por alrededor de 30 minutos respecto a la experiencia pentecostal cuando uno de los sacerdotes lo detuvo súbitamente y con cierta aspereza le preguntó: «Sr. DuPlessis, ¿usted nos está diciendo que los pentecostales tienen la verdad, y los que pertenecemos a otras denominaciones no?

David admite que oró rápidamente. «No», dijo. «No es eso lo que trato de expresar». Entonces buscó la manera de expresar la diferencia que los pentecostales sienten que existe entre su iglesia y otras —un sentimiento que muchas veces es mal entendido— y de repente, empezó a pensar en un electrodoméstico que él y su esposa habían comprado cuando se mudaron a Dallas.

«Ambos tenemos la verdad», dijo él. «Sabes, cuando mi esposa y yo nos mudamos a los EE.UU. compramos un aparato maravilloso llamado Deepfreeze, y ahí guardamos una carne de res tejana bastante buena.

«Ahora, mi esposa puede tomar uno de esos filetes y colocarlo ahí, congelado, sobre la mesa. Es un filete de carne, de eso no hay duda. Tú y yo podemos sentarnos alrededor y analizarlo: podemos discutir su linaje, su edad, a qué parte de la res pertenece. Lo podemos pesar y podemos enlistar sus nutrientes».

«Pero si mi esposa coloca ese filete en el fuego, algo distinto empieza a pasar. Mi niño lo huele y entra corriendo del patio y gritando: «¡Oh, mamá, huele muy bien! ¡Yo quiero!».

«Caballeros», dijo David, «esta es la diferencia entre nuestras maneras de manejar la verdad. Tú la tienes en el hielo; nosotros la tenemos en el fuego».

David estuvo con nosotros por 24 horas y dejó lo que equivale a seis meses de trabajo. Llené página tras página de mi libreta con nombres y direcciones de gente que no asistía a iglesias pentecostales — denominaciones tales como metodistas, bautistas, luteranos, presbiterianos— los cuales habían sido bautizados con el Espíritu.

Pude darme cuenta que sería una labor gigantesca contactar a toda esa gente. Tan solo la mecánica de escribir a cada uno, por ejemplo, me tomó tres semanas. Luego, en tanto las respuestas empezaron a llegar, estaba la tarea de concertar las entrevistas. En el caso de algunos, viajé para verlos; con otros hice planes para encontrarme con ellos en Nueva York dentro del lapso de un año; a otros los entrevisté por el teléfono; con otros fue mediante carta. Y con otros, experimenté con una nueva técnica: mediante una grabación en donde les explicaba la naturaleza del libro y les hacía preguntas; luego ellos respondían de la misma manera.

Dos de las personas a quienes entrevisté por teléfono fueron Charles Maurice y su esposa Helen de Richmond, Virginia. Este, inmediatamente después de recibir mi carta, me llamó —y sin importarle lo costoso de la llamada[5]— contestó mi larga lista de preguntas. Quizá para ellos era tranquilizador —siendo una familia suburbana, con problemas muy parecidos a los nuestros—, conocer a otros que también estaban entusiasmados con el bautismo en el Espíritu Santo.

«Tienen problemas con la podadora», le dije a Tib.

Charles y su esposa llamaban con frecuencia después de eso sin importarles las facturas del teléfono, tan solo para preguntar cómo iba el libro o para ofrecerme pistas adicionales sobre personas que hablaban en lenguas cuyos nombres ellos pensaban podría no tener.

Charles tenía un despacho de abogados en Richmond, y trabajaba para la ciudad como fiscal adjunto de distrito. Él y Helen estaban ambos llenos de un quieto buen sentido del humor y de gozo por vivir, tanto, que sentía muchos deseos de conocerlos en persona.

Charles pensó por un momento. «¿Has escuchado hablar del Full Gospel Business Men's Fellowship International [Comunidad Internacional de Hombres de Negocios del Evangelio Completo]?», preguntó.

«¿Puedes repetirlo, pero más lento?».

«El FGBMFI, para abreviar. Es un grupo de profesionales y hombres de negocios de todas las denominaciones los cuales o tienen o están buscando el bautismo en el Espíritu Santo, y se juntan varias veces por año para compartir sus experiencias».

«La FGBMFI tendrá su convención anual en Atlantic City a finales de noviembre», dijo Charles, «y tanto yo como Helen iremos. Si tú y Tib quisieran ir, esta será una oportunidad para conocernos personalmente.

---

[5] En el tiempo cuando esto se escribió las llamadas telefónicas de una ciudad a otra tenían un costo adicional, y entre más lejos eran más costosas.

«Es algo dinámico», me advirtió, «pero si van con una mente abierta, tú nunca serás el mismo».

«Seguro», dije (un poco asustado por aquello en lo que estaba consintiendo). «Veámonos ahí». De esta manera, la cita fue anotada: 30 de noviembre de 1960.

Lo que hizo esta investigación sobre los miembros de iglesias convencionales que hablaban en lenguas fuera difícil fue el elemento de confidencialidad en el que estaba envuelto. Hubo sus excepciones, pero en la mayoría de las veces, la gente no pentecostal que habla en lenguas mantiene eso en secreto, como si fuese la fórmula de un arma secreta. Las respuestas típicas a mis cartas, en los inicios de 1960, fueron como esta (enviada del medio oeste de país):

> Me gustaría mucho compartir con usted algunas de mis experiencias con el Espíritu Santo que aviven el trabajo del reino de Dios. Sin embargo, en estos momentos, dado que es algo que a nadie digo (excepto a otra familia parroquial con la que estoy en contacto y con quienes hablo del tema), debo solicitarle que no se utilice mi nombre.

Una y otra vez durante los primeros meses de este año, siempre, cuando finalizaba la entrevista a algún presbiteriano, bautista o metodista, ellos decían: «Usted entiende que todo esto es extraoficial».

Aquí y allá, algún artículo aparecería sobre el asunto, pero nunca demasiado personal, ni mencionando nombres. Por ejemplo, la publicación periódica episcopal Living Church publicó un artículo editorial el 17 de julio de 1960, que dice:

> El hablar en lenguas no es ya un fenómeno exclusivo de alguna extraña secta al otro lado de la calle. Está en nuestros medios, y es practicada por clérigos y laicos que tienen estatura y buena reputación en la iglesia. Su introducción generalizada chocaría con nuestro sentido estético y con algunas de nuestras preconcepciones más arraigadas. Sin embargo, sabemos que somos miembros de una Iglesia que necesita una sacudida. Si Dios ha elegido este tiempo para dinamitar lo que el obispo Sterling de Montana ha llamado «*respetabilismo* episcopal» no conocemos de ningún otro explosivo más terriblemente efectivo.

Entonces el explosivo explotó. Se trata de un evento que puso las lenguas en los titulares y estiró las cortinas de la clandestinidad. Sucedió en una de las iglesias episcopales más grandes, en Van Nuys, California.

El padre Dennis Bennett fue un hombre exitoso. Nacido en Londres, educado en la Universidad de Chicago y en el Chicago Theological Seminary. Este tomó la iglesia episcopal de St. Mark en Van Nuys en 1953 cuando estaba pasando por una crisis, y bajo su liderazgo, la iglesia creció y se estabilizó hasta tener una membresía de 2,600 y un staff de cuatro clérigos.

Pero algo estaba faltando —según cuenta el propio Bennet— en su vida religiosa. Cuando él tenía 11 años tuvo una experiencia de conversión que le dejó un recuerdo de calidez y amor al que rara vez había podido acceder nuevamente.

Entonces, un día, en el verano de 1959, el padre Bennett recibió una llamada de otro sacerdote, Frank Maguire, de Monterrey Park, California. El padre Maguire estaba bastante intranquilo e intrigado por los eventos que habían estado teniendo lugar en su iglesia: dos de los feligreses —recientemente dados de baja de la lista de la iglesia por «inactivos»— habían reaparecido en la escena y estaban mostrando señales sorprendentes de una fe vigorosa en extremo.

El padre Maguire estaba intrigado. Sin embargo, se sentía vagamente incómodo con frases que iban y venían en la conversación: «bautismo en el Espíritu Santo», y «hablar en otras lenguas». Creo que estas personas tienen algún tipo de dividendo extra que están sobre enfatizando», dijo Frank Maguire a Dennis Bennett. «Pero me gustaría que vinieras a visitarme y me ayudaras a evaluar lo que está sucediendo». Así comenzó una investigación de tres meses respecto a la experiencia de estos dos sacerdotes. A mediados de noviembre de 1959, ambos hombres fueron atraídos a tener por ellos mismos esta experiencia.

«Solo una cosa», dijo el padre Bennett. «Quiero el bautismo, pero sin las lenguas».

«Lo lamento, padre», le fue dicho, «pero las lenguas son parte del paquete. Esto es como sucedió con nosotros, y no conocemos otro camino».

Denniss Bennett estuvo orando para recibir el bautismo el 14 de noviembre y Frank Maguire el 17 de noviembre.

Cuando la gente en la iglesia de Bennett le preguntó qué era lo que había ocurrido en él, él les habló de su experiencia; y durante varios meses, 70 de los miembros de su parroquia recibieron el bautismo. Estas fueron gente clave en la iglesia: el subdirector, la presidenta de la red de mujeres, el cura. Y todos los que habían sido bautizados estaban muy entusiasmados con la experiencia.

Sin embargo, otros tuvieron otro sentir. De los cuatro sacerdotes que había en la parroquia, dos recibieron el bautismo, y los otros dos no. Los que no recibieron el bautismo se opusieron rotundamente y pronto arrastraron a otros que tenían el mismo sentir. De esta manera se creó una grave división en la iglesia y el padre Bennet meditaba en qué era lo que se tenía que hacer. El 3 de abril de 1960, el padre Bennett predicó un sermón en donde habló de su experiencia. Lo hizo para que no hubiera ninguno en la iglesia que no supiera, de primera mano, la historia completa, incluyendo lo que respecta al hablar en lenguas. Esto fue demasiado para muchos. Uno de los sacerdotes asociados, en medio del servicio, tomó sus vestiduras y anunció que, debido a las circunstancias, no le quedaba otra opción sino irse definitivamente. Después del servicio, el tesorero de la iglesia le sugirió al padre Bennet que lo más apropiado para él sería renunciar. Lo hizo. Los periódicos recogieron la historia al día siguiente. Y luego las agencias de noticias, y de la noche a la mañana, la historia era contada por todo el país: el fenómeno del hablar en lenguas, habiendo aparecido en una decente y ordinaria iglesia cristiana, había causado conflicto, división y disensión. La revista *Time* publicó la historia, Newsweek también.

En aquel tiempo —era el año 1960—, mi primera reacción fue que este evento acrecentó algo en mí. Mis sospechas de la validez de la historia pentecostal. Las lenguas creaban conflicto. El obispo Francis

Eric Bloy de Los Ángeles emitió una carta prohibiendo el uso de las lenguas bajo los auspicios de la iglesia. El padre Bennett fue relegado a una pequeña misión en Seattle. Era evidente que la denominación quería deshacerse de un auténtico «buscapleitos».

Entonces escribí al padre Bennet a su nueva dirección, le comenté respecto al libro, y le pedí me contara su versión de lo que sucedió en Van Nuys. La contestación llegó, y sin la ayuda de una secretaria, Bennett comienza diciendo: «Por favor, disculpa mis errores ortográficos. ¡He escrito esta carta yo solo, y no soy muy bueno con el teclado!». Analicé la carta con prontitud, buscando algún indicio en su personalidad que sería la causa de la contienda, división y disensión en Van Nuys. No encontré nada. El padre Bennett solo hizo referencia a Van Nuys de pasada, y se centró en el trabajo que ahora realizaba en Seattle.

> La respuesta que he tenido de la iglesia episcopal respecto al asunto del Espíritu Santo y de las lenguas ha sido tremendo, tanto, que me ha mantenido ocupado día y noche. De hecho, ha sido emocionante ver como la pequeña iglesia de St. Luke es revitalizada desde que llegué aquí en julio. 50 personas han sido bautizadas con el Espíritu en esta pequeña misión. También, cerca de 14 sacerdotes de la diócesis han recibido el don de lenguas. ¡Gloria a Dios!

En ningún lugar —en ninguno— en la extensa correspondencia que desarrollamos el padre Bennett y yo él se quejó de maltrato, ni tampoco atacó a la gente que estuvo en desacuerdo con él. Más tarde, me reuní con él en Nueva York y comprobé esa misma verdad en él, ahora en persona. Él era un hombre quieto, sereno, a pesar de la intensa energía que su vida desplegaba: un hombre lleno de sentido del hoy, en quien no había tiempo para repetir los eventos del ayer. En la única referencia que él hizo a los eventos del pasado, él dijo: «Desde luego, he tratado de entender por qué nosotros en Van Nuys fuimos señalados con toda esa publicidad sensacionalista cuando cientos de iglesias de todo el país han tenido la misma experiencia del bautismo sin que tuviesen ningún problema».

Era cierto. De repente, apenas podía seguir el ritmo de la avalancha de cartas de personas que querían contar sus experiencias y que su nombre fuese mencionado. Recibía cartas de todas partes. Todo el staff ministerial de la sosegada iglesia presbiteriana en la periferia de Nueva Jersey recibió el bautismo. El 85% de la membresía de la iglesia bautista en ese mismo estado recibió el bautismo. En Wheaton, Illinois, miembros de la Trinity Episcopal Church recibieron el bautismo.

Estudiantes en Princeton, Yale, Harvard, UCLA, Stanford, Wheaton, y otras, empezaron a tener reuniones de oración en donde el bautismo era buscado y recibido.

En Yale, por ejemplo, 20 hombres, incluyendo un profesor, cinco diáconos de la capilla de la universidad, un *phi beta kappa*[6] y un *summa cum laude*[7] recibieron el bautismo y empezaron a practicar la oración en el Espíritu.

Mis investigaciones indicaron que, en sus días tempranos, el movimiento pentecostal tenía la tendencia a atraer a los de nivel académico medio, o personas no calificadas. Ahora, tan solo al dar un vistazo a parte de mi correspondencia, noté este interesante desglose de ocupaciones: un matemático, un psiquiatra, un doctor, un capitán de policía, un dentista, un agente de bienes raíces, una ama casa, un ministro, un lechero, un fabricante de maquinaria y matrices, un agente de FBI, una enfermera registrada, el dueño de una agencia de automóviles, un psicólogo, un fotógrafo de Hollywood, un actor, la esposa de un fabricante de aeroplanos, un ingeniero, un profesor, un vendedor, un abogado, un portero, un oficial del Departamento de Estado, un magnate petrolero, un rabino judío, un restaurantero, un topógrafo, un biólogo y un director.

Cada vez más y más líderes de iglesias estaban haciendo declaraciones sobre el movimiento pentecostal dentro de sus propias denominaciones.

---

[6] La Sociedad Phi Beta Kappa es una sociedad de honor académica en Estados Unidos.
[7] Se dice de una persona que ha alcanzado un alto nivel académico (usualmente el doctorado) con un desempeño sobresaliente.

El *Rev. Samuel M. Shoemaker* en The Episcopalian, *mayo 15, 1963 escribe*:

> Cualquiera que sea el significado del antiguo-nuevo fenómeno del «hablar en lenguas», es algo que sigue siendo sorprendente, no solo dentro de los grupos pentecostales, sino entre los episcopales, los luteranos y los presbiterianos. Yo no he tenido esa experiencia, pero conozco gente que sí, y esta ha sido bendecida con un poder que no tenían antes. No presumo de entender este fenómeno, pero estoy bastante seguro de que indica la presencia del Espíritu Santo en una vida, así como el humo de una chimenea indica un fuego abajo. Sé que es Dios, tratando con una iglesia estática, aburrida y egocéntrica (como suele ser), para convertirla en una iglesia radiante, emocionante y entregada. Debemos tratar de entender y ser reverentes ante este fenómeno antes que ignorarlo o despreciarlo.

El *Dr. James I. McCord*, presidente del Princeton Theological Seminary, en la apertura del año 1961-62 del seminario dijo: «Nuestra era debe convertirse en la Era del Espíritu, la de un Dios activo en el mundo, [un Dios que está] estremeciendo y haciendo pedazos todas nuestras formas y estructuras, y trayéndonos respuestas consonantes con los Evangelios y un mundo en necesidad».

El *Dr. Ernest Wright* de Harvard, en *The Rule of God* (Doubleday & Co, Inc., 1960): «... la consumación del reino de Dios está marcado por un gran avivamiento de los acontecimientos carismáticos. Tanto líderes como los liderados serán llenos del Espíritu, y empoderados por Él a una escala hasta hoy desconocida».

Billy Graham, según el reporte de la revista *Full Gospel Men's Voice* de enero de 1961, dijo: «Las denominaciones protestantes hemos mirado con un poco de recelo a nuestros hermanos de las iglesias pentecostales debido a su énfasis en la doctrina del Espíritu Santo; sin embargo, ha llegado la hora de dar al Espíritu Santo su lugar correcto en nuestras iglesias. Necesitamos aprender otra vez lo que significa ser bautizado con el Espíritu Santo».

En el extranjero, la Iglesia de Inglaterra [The Church of England] anota lo siguiente (varios autores):

El obispo *Lesslie Newbigin* en su libro *The Household of God* [La casa de Dios] enlista las tres corrientes principales de vida dentro de la Iglesia cristiana. La primera es la católica; la segunda es la protestante; y la tercera es la pentecostal.

El *Dr. Philip Edgcumbe Hughes*, editor de la revista académica trimestral anglicana *The Churchman* visitó California, donde había escuchado que los episcopales estaban hablando en lenguas. Antes de dejar Inglaterra, él atribuía este fenómeno a una extravagancia derivada del «caluroso sol californiano». Pero regresó con una opinión opuesta. «El aliento del Dios vivo», escribió en su artículo editorial en septiembre de 1962, «está estremeciendo los huesos secos de las denominaciones más respetables y antiguas, y en particular, los de la iglesia episcopal».

Con la elección del papa Juan al papado, un nuevo énfasis sobre el Pentecostés comenzó a ser evidente en la Iglesia católica romana. El papa Juan, constantemente se ha referido al Concilio Vaticano como un nuevo Pentecostés. Y con el término «Pentecostés» hace referencia a las mismas manifestaciones del Espíritu que se denotan en las iglesias pentecostales, incluyendo el hablar en lenguas. El Catholic Messenger, al discutir lo nuevo en el Concilio de 1963, mencionó la palabra *carisma* con bastante frecuencia:

> Parece que tendremos que añadir la palabra *carisma* a nuestro vocabulario, porque las noticias que llegan desde Roma en este momento son que esta palabra está jugando un gran papel en el Concilio. La palabra *carisma* proviene de una palabra griega que literalmente significa *don de amor*. Al ser usada por los teólogos, esta sugiere un talento especial otorgado por el Espíritu Santo sobre un individuo para el beneficio de otros, antes que para un beneficio personal.... En esta misma línea, el cardenal Suenens de Bélgica dijo a sus compañeros padres que hoy debemos reconocer la existencia de los *carismas* para tener una visión equilibrada de la Iglesia; viendo estos dones, no como adiciones accidentales, sino como parte de la naturaleza de la Iglesia.

El padre Daniel J. O'Hanlon, profesor de teología en Alma College, en Los Gatos, California, escribió un artículo para *America Magazine*, una revista católica semanal, en el cual dice:

Pocos católicos son los que consideran a los pentecostales como algo más que objeto de diversión (si es que llegarse a percatarse de su existencia). Incluso la mayoría de los protestantes mantienen su distancia de estos cristianos poco convencionales y les resulta difícil decir algo bueno de ellos. Sin embargo, el rápido crecimiento de los pentecostales alrededor del mundo, y el extraordinario atractivo que tienen para la clase de gente con la que nuestro Señor trató especialmente: el pobre y el desposeído, deberían de animarnos a hacer a un lado nuestros aprensivos prejuicios burgueses, y a observarlos con atención.

¿Cómo pueden los católicos hacer tal observación? El padre O' Hanlon hace una sugerencia inusual en su iglesia:

> La mejor —si no la única— forma de conocer cómo son los pentecostales es visitar sus servicios, incluso aunque para la mayoría de los católicos esto signifique tanto como incursionar a un nuevo mundo. Quienes lleguen a conocerlos de primera mano encontrarán mucho que admirarles y posiblemente aun algunas cosas dignas de ser imitadas.

Los reportes se apilaban en mi escritorio. Llegó la noticia de que un obispo episcopal, el Rev. Chandler W. Sterling, había recibido el bautismo. Estudiantes de la Universidad Estatal de Oregón sostienen reuniones de oración llenas del Espíritu. También los miembros de la parroquia de Holy Innocents en Corte Madera. Ivan S. Gamble, el pastor de la First Presbyterian Church de Prince Rupert, British Columbia, dijo a su congregación que él había recibido el Espíritu Santo y que su vida había sido transformada. David DuPlessis acepta una invitación a predicar desde el púlpito de la Episcopal Cathedral en Detroit.

El Dr. John Peters, ministro metodista y presidente del World Neighbors [Vecinos del mundo] recibe el bautismo cuando un ministro bautista oró por él. Cada sábado, un grupo de oración de gente llena del Espíritu se reúne en un salón de conferencias del hotel Benjamín Franklin en Filadelfia. La experiencia pentecostal llega a Zion Lutheran Church, Glendive, Montana y a la Trinity Lutheran Church, en San Pedro, California. El editor de la publicación de la American Baptist Convention Frontier, es lleno con el Espíritu. La Lutheran Standard y el Christian Advocate, publicaciones oficiales de los luteranos y bautistas respectivamente, cubren las noticias del movimiento pentecostal dentro de sus denominaciones, los artículos publicados tienen un tono precautorio, más no hostil. La experiencia pentecostal llegó a la Casa Linda Methodist Church en la gran ciudad de Dallas, Texas, y la Episcopal Church of the Advent [Iglesia Episcopal del Advenimiento] en Alice, Texas. Llegó también a los pueblos presbiterianos de la región minera tales como Alpine, Tennessee; y a centros urbanos, tales como Hillside Presbyterian Church de Jamaica, Long Island, Nueva York. La lista sigue y sigue, la marea sube. Después de más de 65 años[8], la revolución pentecostal está a las puertas.

---

[8] Claro, a la fecha en que se publica esta nueva edición, el pentecostalismo ya tiene casi 120 años.

CAPÍTULO VII

La visita de Lidia

Sí, vivíamos en medio de una revolución; sin embargo, no estábamos permitiendo que esta afectara nuestras vidas. El césped de la nueva casa estaba crecidísimo, así que fui a las rebajas de fin de temporada para comprar una podadora de césped eléctrica; y Tib sacó la ropa de invierno de los niños solo para enfrentar el trauma anual: nada les queda.

Una carta llegó al buzón de correo del Full Gospel Business Men's Fellowship International. Nos avisaban que nuestra reservación para la convención —que se celebraría en dos meses— estaba lista, y que les enviáramos el dinero correspondiente. Charles Maurice no lo había olvidado. El entusiasmo que mostró por teléfono durante el verano había hecho de esa convención algo que sonaba interesante; sin embargo, ahora, todo eso nos parecía terriblemente aburrido y nos pesaba habernos involucrado. Puse la carta en el archivo de «cosas por hacer» junto con la oferta de suscripción a una revista —con precio reducido— que no me interesaba mucho. Ambas eran sugerencias a las que podría darles seguimiento... Algún día.

En esos días estaba tomando el tren dentro de la ciudad casi a diario. Había decidido hacerme de algunas grabaciones de personas hablando en lenguas con la idea de ponerlas en manos de algunos expertos en idiomas y entonces ver qué ellos encontraban. Nuestra casa en Chappaqua estaba demasiado lejos como para pedir a la gente que viniera, así que sostuve las sesiones de grabación en las oficinas de la *Guidepost* en Nueva York.

El personal de la *Guidepost* se había acostumbrado bastante a las personalidades energéticas de los pentecostales que venían a grabar.

La primera vez que la recepcionista había recibido un resonante «¡buenos días, hermana! ¿Está el hermano Sherrill por ahí?» su respuesta tuvo un tono gélido. Pero en poco tiempo, ella también estaba hermaneándolos a ellos, e incluso, esperaba con ansia esos momentos amenos en su rutina diaria.

Para la grabación hacía que mis visitantes entraran en mi oficina, ahí tenía la grabadora; luego cerraba la puerta. Con esto esperaba aislar el sonido de las otras oficinas (y evitar distracciones), pero esto resultó ser inútil. Los pentecostales son notablemente inconscientes de las lenguas, y casi gritaban cuando las hablaban. Sílabas y ritmos extraños brotaban de la pequeña habitación donde mi invitado y yo estábamos sentados, y por el silencio en las oficinas aledañas podía inferir que toda actividad había cesado y todos los oídos estaban atentos a lo que pasaba detrás de esa puerta cerrada.

Las lenguas se convirtieron en el tema favorito de conversación en los recesos remplazando aun el tema de la Serie Mundial [de Beisbol]en su plena efervescencia. Las reacciones de varios de los capturistas y editores eran desde asombro hasta hilaridad.

Llegó mi cumpleaños, y junto con el pastel tradicional, encontré un pequeño paquete. En el interior estaba un vaso griego diminuto con una larga inscripción con letras griegas alrededor del borde. «Es griego para nosotros, John», decía la nota adosada al paquete, «pero continúa grabando. Feliz cumpleaños». Las bromas siempre fueron divertidas. Pero también pensé que expresaban las serias dudas que tenían muchos en la oficina, las mismas que yo mismo tenía. Dina Donohue, la editora de nuestro departamento, llegado uno de esos días lluviosos, y habiéndonos preparado todos unos sándwiches de bolonia —los cuales comíamos sentados alrededor de la mesa de una sala de juntas abierta—, gritó desde su oficina: «Yo también puedo hablar en lenguas. Escuchen...».

Entonces se oyeron gruñidos extraños y chasquidos y sílabas sin sentido pronunciadas con mucha expresión; todo notablemente parecido a algún lenguaje. La gente aplaudió la fluidez de Dina, pero luego hubo un silencio. Luego mi secretaria preguntó: «¿De verdad puedes diferenciar lo que Dina dijo de esas "lenguas" que esa gente dice hablar?».

Tuve que admitir que personalmente yo no podía.

¿No era ese todo el problema en pocas palabras?

No era que los que hablaran en lenguas estuvieran tratando de engañar a nadie, sino que eran ellos los que últimamente se engañaban a sí mismos. Bajo el estrés de una emoción religiosa y con una fuerte tradición que les guiaba a esperar que así sucediera, ¿no estaban ellos confundiendo lo que Dios puede hacer con una jerigonza que cualquiera podría inventar?

Fue mientras estos pensamientos eran más intensos que recibí la visita de Lidia.

Había escuchado de Lidia Maxam. Y la palabra que se usaba con frecuencia al describirla era esta: «aristócrata». Originaria de Filadelfia, episcopal, y una de las pocas no pentecostales que estuvo de acuerdo en venir a grabar sus lenguas.

Lidia fue atractiva desde el minuto que caminó dentro de la oficina: alta, respetable, sonriente. «Hay una condición para que yo acepte hablar enfrente de ese aparato», dijo ella cuando estuvimos en el pequeño cuarto y le explicaba la mecánica de lo que habríamos de hacer. «Para mí, las lenguas son siempre oración. Una clase especial de oración. Las uso para orar por un problema, el cual, en mi mente, no tiene solución. Usualmente por el problema de alguien del cual desconozco los detalles. «Por tanto, si quiere que hable en lenguas, usted deberá permitirme orar por un problema real, preferiblemente uno que le preocupe a usted, o a alguno cercano a usted».

Pensé por un momento. No había nada realmente urgente. Entonces, recordé el manuscrito en que Tib trabajaba para la revista. Esta era una historia en la cual ella había estado trabajando diligentemente por varias semanas. Sin embargo, versión tras versión, todas terminaban en el cesto de basura; y apenas unas horas antes, Tib me había dicho, casi con lágrimas, que mañana era la fecha límite, y que estaba tan lejos de terminar como el día en que aceptó el encargo.

Describí la situación a Lidia. «¿Es esto la clase de problema al que te refieres?

«Exacto», dijo ella. «Si su esposa estuviese aquí, le pediría que se sentara en esta silla. Entonces yo simplemente le impondría las manos y le pediría al Espíritu Santo intervenir en esta situación. Yo le pediría a Él remover cualquier distracción o problema personal que está bloqueando su entendimiento. Le pediría tornar esta historia para Su gloria. Así, las lenguas serían simplemente una señal de que estoy rindiendo al Señor mi voluntad y mi entendimiento».

«En ausencia de la persona por quien es ofrecida esa oración», dijo Lidia, «alguien más podría sentarse por ella. ¿Podría usted sentarse en la silla en representación de Tib?». Acepté, pero de inmediato, me llené de preocupación. Estaba terriblemente consciente de todos esos oídos que estaban detrás de la puerta, y ¿cómo podría participar en algo sobre lo que tenía sentimientos tan encontrados? Pero era demasiado tarde para arrepentirme. Así que encendí la grabadora, coloqué la silla cerca de la ventana (lo más lejos posible de la puerta), y me senté. Al hacer esto, de inmediato me enfrentaba a algo aún peor que lo de los oidores. Mirando a través de mi ventana estaba un taller de vestidos en donde 15 chicas trabajaban sentadas frente a máquinas de coser. De su lugar, ellas podían mirarme; y desde el mío, yo a ellas. Entonces pensé que las chicas podrían perder el interés en su trabajo por ver lo que estaba ocurriendo. Eso sería algo novedoso, pues jamás había ocurrido algo así.

Sin embargo, Lidia parecía ignorar todo lo que para mí era penoso. Ella se paró detrás de la silla, puso ambas manos ligeramente sobre mi cabeza y comenzó a orar en inglés; oraba porque se fuera lo que estaba estorbando la creatividad de Tib. De pronto, una de las chicas en el edificio vecino —que nos había echado ya un vistazo— dijo algo a la chica de la máquina de enseguida, y de inmediato, ambas nos observaban. Yo cerré los ojos para evitar las influencias distractoras, pero fue peor, porque en mi mente pensaba que todo el personal de la fábrica se había reunido para mirar cómo una dama elegante oraba por un tipo medio calvo.

Y la situación era tan humorística para mí, que empecé a reír en silencio; pero sabiendo de la seriedad y sinceridad de Lidia, me contuve. Y fue precisamente en ese momento —cuando estaba batallando para contener la risa— cuando algo extraordinario sucedió.

Sin hacer cambios en la tonalidad de su voz, Lidia empezó a orar en lenguas. Y en ese instante yo sentí —y de hecho lo sentí— que una ola de calor pasaba de sus manos a mi cabeza y de ahí se pasaba a mi pecho y brazos. La sensación era de calor, pero sin los efectos del calor: no me sonrojé ni me acaloré. Era como si me hubiese acercado a una inmensa fuente de calor —a un horno o al sol—, que no tenía cualidades de combustión.

Esto duró todo el tiempo que Lidia estuvo orando en lenguas, aunque la sensación no fue tan intensa como en el primer momento. Y de repente, descubrí que estaba llorando. Enormes lágrimas se rodaron por mis mejillas y fueron a dar a mi corbata. Las lágrimas no tenían relación con mis emociones, así como el calor que sentía no tenía relación con la calefacción del edificio. Por otro lado, estaba muy consciente de las chicas en el edificio vecino, y no me atrevía a abrir los ojos por miedo a ver sus burlas. Pero mientras Lidia continuaba orando, me volví más y más consciente de mí mismo. Cuando finalmente ella terminó y levantó sus manos de mi cabeza, aparté bruscamente la silla giratoria de la ventana y me quedé ocupado durante largo rato con la grabadora. En las oficinas contiguas, de repente, los manos empezaron a teclear.

Lidia se fue instantes después, tan tranquila y tan serena como si estuviésemos discutiendo la apertura de la temporada de ballet, pero yo permanecí en mi pequeña oficina todo el resto del día. Tenía mucho que reflexionar; mucho que resolver en mis pensamientos. Me sentí como un hombre que se había agachado para acariciar un gatito, pero luego se diera cuenta que estaba poniendo sus manos sobre un tigre. ¿Qué fue exactamente ese palpable poder que había invadido el cuarto cuando Lidia oró en lenguas? ¿Sería posible que hubiera estado equivocado al mirar este fenómeno como algo distinto a lo que realmente era? ¿Tenía en sí mismo algún poder misterioso?

Tib se reunión conmigo en la estación del tren esa noche, mostrando una cara de esas del gato-que -se-comió-el canario [extremadamente feliz].

«¿Cómo va el manuscrito?», pregunté mientras me introducía detrás del volante.

«¡Ya lo envié!» me dijo ella, aproximándose a mí. «Ya lo puse en el correo mientras venía para acá. ¡No sé cómo rayos tuve tanto problema con esa historia, si era tan sencilla después de todo! Era yo que la trataba de hacer complicada. Me senté esta tarde y estaba ahí, justo ante mis narices. Casi se escribió sola».

No le dije nada respecto a la oración de Lidia. No sabía exactamente cómo explicar algo así. Antes de seguir hablando, era obvio que tendría que pensar mucho más, indagar mucho más, investigar mucho más.

Después de cenar aquella noche escribí tres preguntas que para mí ameritaban respuesta:

¿Dice la Biblia algo respecto a que las lenguas tuvieran extraños poderes? Y si eso era así, ¿por qué cayeron en desuso por tantos siglos? ¿La gente que habla lenguas hoy reporta tal poder?

Empecé con la Biblia. Saqué mi concordancia la mañana siguiente y descubrí que el Nuevo Testamento contiene cerca de 30 referencias a las lenguas. Sin embargo, incluso el listado más somero de estas me mostró que la Biblia habla de dos usos distintos de este fenómeno.

Ya tenía cierta familiaridad con el primero de estos usos: donde las lenguas son consideradas una *señal* de que el Espíritu ha entrado en el creyente. Las lenguas en ese caso parecen tener poca importancia en sí mismas, pues son valoradas tan solo como la evidencia de algo.

De este uso de las lenguas se habla primero —al menos en orden de aparición en la Biblia— en el evangelio de Marcos. Jesús había sido crucificado, resucitado de los muertos y apareció a sus discípulos para darles la instrucción de predicar el Evangelio por todo el mundo. «Y estas señales seguirán a los que creen: En mi nombre echarán fuera demonios, hablarán nuevas lenguas...» (Marcos 16:17).

Siendo que estas fueron palabras de Cristo mismo, este pasaje tiene, desde luego, gran autoridad, y los pentecostales le dan mucha importancia. Sin embargo, pronto descubrí que no todos aceptan este pasaje como auténtico. La versión King James [equivalente en este caso a la Reina Valera en español] fue traducida a partir de un manuscrito llamado Códice Alejandrino, el cual data del siglo V y contiene este versículo. Mientras que manuscritos considerados más tempranos —los que datan del siglo IV— no lo contienen. Desde luego, en el siglo IV podrían haber sido parte de una tradición oral, la cual no había aun sido puesta por escrito. Tal vez, la consistente experiencia de un gran número de cristianos los convenció de que esta tradición era parte de la herencia escrita de la Iglesia.

El Libro de los Hechos —escrito hacia el final del primer siglo, y del cual nadie ha sospechado adiciones posteriores, se refiere varias veces a las lenguas como señal de la presencia del Espíritu Santo. De estos pasajes, pensé tres cosas:

1. Las lenguas fueron aceptadas como la irrefutable prueba de que el Espíritu Santo había venido sobre cierta persona o grupo de personas. «Y todos los creyentes *que eran* de la circuncisión, que habían venido con Pedro, se quedaron asombrados, porque el don del Espíritu Santo había sido derramado también sobre los gentiles, pues les oían hablar en lenguas y exaltar a Dios» (Hechos 10:45-46, LBLA).

2. Era igualmente irrefutable que las lenguas eran el resultado del Espíritu mismo hablando a través de la gente. «Y fueron todos llenos del Espíritu Santo, y comenzaron a hablar en otras lenguas, según el Espíritu les daba que hablasen» (Hechos 2:4).

3. Las lenguas en sí despertaron muy poca atención. Cuando Pedro estaba resumiendo su experiencia en Cesarea para la iglesia de Jerusalén, no se molestó en mencionar las lenguas en lo absoluto, aunque estas habían sido una parte sobresaliente de los acontecimientos (vea Hechos 11:15).

Hasta aquí, las lenguas habían sido tratadas como una señal de la llegada del Espíritu Santo. No obstante, cuando fui a las cartas de Pablo era obvio que las lenguas eran usadas de manera distinta. Pablo habló de las lenguas, no como un acontecimiento único, señal del derramamiento, sino como una experiencia continua. Estas eran importantes, no solo como prueba de la presencia de Dios sino también porque estas conferían ciertos beneficios a la Iglesia. Ellas eran un don del Espíritu para el avance de los creyentes, junto con los otros dones, para la edificación de la gente de Dios. Al estudiar las cartas de Pablo uno puede ver tres maneras principales como las lenguas fueron valoradas:

1. En la oración privada: las lenguas ayudan al que las habla a alabar a Dios.
2. Ellas permiten al que las habla orar incluso cuando él/ella no está seguro de qué pedir.
3. En la adoración pública: cuando es acompañada con otro de los nueve dones, el don de interpretación. En este caso, las lenguas proveen un vehículo de comunicación directa entre Dios y su pueblo.

La primera carta a los corintios fue escrita alrededor del año 54 d. C. Pablo estaba viviendo en Éfeso cuando le fue dicho que la iglesia de Corinto estaba en problemas. Dentro de las irregularidades y abusos que se habían infiltrado en la práctica cristiana estaba una clase de confuso desorden público en la adoración, y este como resultado del mal uso de algunos de los dones del Espíritu, especialmente las lenguas. Los capítulos 12, 13 y 14 de esta carta hablan sobre este asunto de los dones, con considerable énfasis en las lenguas. Sin embargo, en el proceso de advertir a los cristianos del mal uso de los dones espirituales, Pablo nos deja un cuadro bastante claro de cómo deben ser usadas. Así que, estuve examinando estos tres capítulos y tomé notas.

En primer lugar, noté la actitud de Pablo respecto a los acontecimientos de Corinto. No hay indicios de que los dones fuesen algo nuevo para él. Pablo no estaba preguntándose «¿qué está pasado en Corinto?». Antes, parece que estaba bastante familiarizado con los fenómenos que le habían sido reportados; y acepta sin discusión los dones como una parte genuina de la experiencia cristiana. Así que, su única preocupación era que se usaran de la manera correcta.

En segundo lugar, Pablo considera el Espíritu Santo como la fuente de las lenguas. «Pero a cada uno le es dada la manifestación del Espíritu para provecho. Porque a este es dada por el Espíritu palabra de sabiduría; a otro, palabra de ciencia según el mismo Espíritu... A otro, el hacer milagros; a otro, profecía; a otro, discernimiento de espíritus; a otro, diversos géneros de lenguas; y a otro, interpretación de lenguas» (1 Corintios 12:7-8, 10).

En tercer lugar, él cree que su uso es designado por Dios. «Y en la iglesia, Dios ha designado: primeramente, apóstoles; en segundo *lugar,* profetas; en tercer *lugar,* maestros; luego, milagros; después dones de sanidad, ayudas, administraciones, *diversas* clases de lenguas» (v. 18, LBLA).

En cuarto lugar, Pablo ve las lenguas solo como uno de los muchos dones que el Espíritu manifiesta. Él enlista nueve: palabra de sabiduría, palabra de ciencia, fe, dones de sanidades, dones de milagros, profecía, discernimiento de espíritus, diversos géneros de lenguas, e interpretación de lenguas.

En quinto lugar, Pablo considera que todos los dones, incluyendo las lenguas, son dadas por una razón. «Pero a cada uno se le da la manifestación del Espíritu para el bien común.

En sexto lugar, en el caso de las lenguas, el propósito es fortalecer al que las usa. «El que habla en lenguas, a sí mismo se edifica...» (1 Corintios 14:4).

En séptimo lugar, anoté que cuando se acompañan con la interpretación, las lenguas son también efectivas para edificar a toda la iglesia. «¿Qué hay, pues, hermanos? Cuando os reunís, cada uno de vosotros tiene... lengua... Hágase todo para edificación» (v. 26).

En octavo lugar, las lenguas no están entre los dones más importantes. Pablo las coloca al final de la lista. «Y a unos puso Dios en la iglesia, primeramente apóstoles, luego profetas, lo tercero... los que tienen don de lenguas» (1 Corintios 12:28).

En noveno lugar, Pablo considera las lenguas como una forma de oración. «Porque si yo oro en lengua desconocida, mi espíritu ora, pero mi entendimiento queda sin fruto» (1 Corintios 14:14).

En décimo lugar, Pablo asocia esta forma de oración principalmente a la alabanza y a la acción de gracias. «Porque si bendices solo con el espíritu, el que ocupa lugar de simple oyente, ¿cómo dirá el Amén a tu acción de gracias? Pues no sabe lo que has dicho» (v. 16).

En decimo primer lugar, él también ve las lenguas (carta a los Romanos) como un modo de orar cuando la mente está confundida. «Y de igual manera el Espíritu nos ayuda en nuestra debilidad; pues qué hemos de pedir como conviene, no lo sabemos, pero el Espíritu mismo intercede por nosotros con gemidos indecibles. Mas el que escudriña los corazones sabe cuál es la intención del Espíritu, porque conforme a la voluntad de Dios intercede por los santos» (Romanos 8:26-27).

En doceavo lugar, él no está hablando de forma teórica sino de su experiencia personal. Él mismo usaba las lenguas muchísimo. «Doy gracias a Dios que hablo en lenguas más que todos vosotros» (1 Corintios 14:18).

En treceavo lugar, él no solo oraba en lenguas, sino cantaba en lenguas. «¿Qué, pues? Oraré con el espíritu, pero oraré también con el entendimiento; cantaré con el espíritu, pero cantaré también con el entendimiento» (v. 15).

En catorceavo lugar, él no espera que los lenguajes hablados fueran reconocidos por los oyentes (a diferencia del día de Pentecostés, cuando los oyentes reconocieron su propio dialecto nativo). «Porque el que habla en lenguas, no habla a los hombres, sino a Dios; pues nadie le entiende, aunque por el Espíritu habla misterios» (v. 2).

En quinceavo lugar, él no cree que el ministerio de las lenguas sea dado a todos. «¿Tienen todos dones de sanidad?, ¿hablan todos lenguas?, ¿interpretan todos?» (1 Corintios 12:30). El contexto aquí requiere una respuesta negativa. No, no todos hablaban en lenguas. Los pentecostales señalan que en estos tres capítulos Pablo está discutiendo las lenguas solo como un don, no como las lenguas que son *señal* del bautismo en el Espíritu Santo. Ellos creen que todas las personas a las que Pablo habla aquí hablaban en lenguas, pero no públicamente, y que las lenguas como don se les pudieran o no conceder para usarlo en su vida cristiana.

En dieciseisavo lugar, aunque se lanzan advertencias sobre el abuso, Pablo ordena a los corintios que hablen en lenguas. «Así que, quisiera que todos hablaseis en lenguas» (1 Corintios 14:5), y «... no impidáis el hablar en lenguas» (v. 39).

Así que, las dos manifestaciones de lenguas son mencionados por los autores del Nuevo Testamento. Pero surge la pregunta: si las ventajas del hablar en lenguas eran tan evidentes, ¿por qué estas desaparecieron de la Iglesia?

Como respuesta a esta pregunta que me hice encontré una respuesta inmediata. No, no desaparecieron.

Las lenguas continuaron siendo parte de la experiencia cristiana a través de los siglos. A ellas se les restó importancia (probablemente como resultado de las advertencias de Pablo). La gente que experimentaba las lenguas las mantenía tanto para sí mismo/a que era fácil perder por completo las alusiones a ellas. Pero en el minuto que las busqué, estaban ahí.

Allá por la segunda mitad del siglo II algunos cristianos se quejaban de que la Iglesia había perdido su fervor y su fuego. Un avivamiento —dirigido por Montano— urgía a los cristianos a buscar un nuevo Pentecostés acompañado de las mismas manifestaciones del principio.

Al principio, el montanismo fue bien recibido. Dos de los más respetados e influyentes padres de la Iglesia, Tertuliano e Ireneo, encontraron en el movimiento mucho que expresar, y le dieron todo su apoyo. Pero a medida que las lenguas y otros fenómenos carismáticos fueron en aumento, Roma tuvo miedo de que fuese excesivo. El montanismo fue acusado de herético y aun la influencia de Tertuliano y de Ireneo no pudieron suavizar la acusación. Hubo, sin embargo, otros ejemplos de manifestaciones carismáticas que no fueron tan conocidos.

En el siglo IV, del fundador del primer monasterio cristiano, San Pacomio, se reporta que era capaz de hablar griego y latín, aunque nunca hubo aprendido tales idiomas.

Esta misteriosa habilidad de hablar un lenguaje no aprendido se repitió en el siglo XIV con San Vicente Ferrer. Y en el siglo XVI San Francisco Xavier recibió el don. San Francisco fue uno de los primeros misioneros jesuitas, el cual predicó entre los indios y los japoneses. De él se reporta que predicaba en lenguajes que nunca había aprendido.

Las lenguas aparecen en los inicios de muchos de los grandes avivamientos. Los primeros valdenses hablaron en lenguajes desconocidas. Los jansenistas, los cuáqueros, los *shakers* [sacudidos] y los metodistas.

«Mientras esperábamos en el Señor», escribió W. C. Braithwaite en un relato de las reuniones de los primeros cuáqueros, «recibíamos con frecuencia el derramamiento del Espíritu sobre nosotros... hablábamos en nuevas lenguas».

Respecto a los inicios del siglo XIX, encontré más fuentes bibliográficas en referencias a las lenguas:

Scotland, 1830: Mary Campbell, una jovencita quien vivía en Fernicarry House planeaba convertirse en misionera. Una noche, mientras oraba con un grupo de amigas, la señorita Campbell empezó a hablar en un lenguaje desconocido para ella. Al principio ella asume que este era un lenguaje que le ayudaría en el campo misionero, pero ella nunca fue capaz de identificarlo.

Inglaterra, 1834: un joven y elegante ministro londinense de la Presbyterian Church Edward Irving, empezó a hablar en lenguas y anima a su iglesia a hacer lo mismo.

Estados Unidos, 1854: un tal V. P. Simmons reportó la glosolalia en Nueva Inglaterra. «En el año 1854 d. C. el anciano F. G. Mathewson habló en lenguas y el anciano Edward Burnham las interpretó».

Rusia, c. 1855: en lo profundo de la Rusia zarista se reportaron manifestaciones pentecostales en la Iglesia griega ortodoxa.

Inglaterra, 1873: Las lenguas aparecieron en las campañas de D. L. Moody. «Cuando fui a los cuartos de la YMCA (Asociación Cristiana de Jóvenes, por sus siglas en inglés)», escribió Robert Boyd después de visitar Sunderland, Inglaterra, «encontré la reunión en llamas. Los jóvenes estaban hablando en lenguas y profetizando. ¿Qué rayos significa esto? Seguro Moody los estuvo ministrando esta tarde».

Estados Unidos, 1875. R. B. Swan, un pastor en Providence, Rhode Island, escribió: «En el año 1875 nuestro Señor empezó a derramar de su Espíritu: mi esposa y yo con otros empezaron a proferir unas cuantas palabras en un "lenguaje desconocido"».

Estados Unidos, 1879: En Arkansas, W. Jethro Walthall habló en lenguas. «Yo no sabía nada de la enseñanza bíblica del bautismo en el Espíritu o de hablar en lenguas», dijo él.

Armenia, 1880: entre los presbiterianos armenios en Kara Kala hubo un fuerte movimiento pentecostal, y [los hermanos] hablaban en lenguas.

Suiza, 1880: María Gerber reportó que en momentos de un gozo especial —los cuales reportó como "rendir mi rebelde corazón al Espíritu"—, ella cantaba canciones espirituales en un lenguaje que nunca aprendió. Más tarde, María vino a los Estados Unidos, sin saber hablar inglés. Un día, mientras oraba por un amigo enfermo, sus palabras —ante el asombro de todos— emergieron como un inglés perfecto.

La diferencia entre estas ocurrencias aleatorias de lenguas y el movimiento pentecostal, el cual empezó con el siglo XX, parecía ser que antes de Charles Parham y su escuela bíblica en «la locura de Stone», nadie le dio importancia a las lenguas. No hubo intentos para persuadir a otros a hacer lo mismo, ni fervor evangelizador tras la experiencia. Las lenguas permanecieron aisladas, casuales, y sin que nadie se diera cuenta. Pero siguieron estando ahí todo el tiempo.

CAPÍTULO VIII

¿Por qué alguien querría hablar en lenguas

La tercera cosa que me propuse hacer —después de la visita de Lidia—, fue hablar con todas las personas que hablaban en lenguas, y descubrir, si ellos creían que, de alguna manera, las lenguas añadían alguna nueva dimensión en sus vidas (cosa que los que hablaban su idioma ordinario no habían alcanzado). Todavía recordaba ese flujo misterioso de calor emanado de las manos de Lidia, y el hecho de que, cuando hube llegado a casa, las oraciones que ella elevó a favor de Tib fueron contestadas. ¿Fueron estas cosas una mera coincidencia —y tal vez un poco de imaginación de mi parte—, u otras personas han tenido experiencias similares?

Claro, cuando pregunté a los pentecostales qué había causado las lenguas en ellos, la primera respuesta siempre fue la misma: «Me aseguraron que había sido bautizado con el Espíritu Santo». Esta seguridad era la que Parham y sus estudiantes estaban buscando cuando comenzaron su extenso estudio bíblico, y claro, esta sería una ventaja invaluable en la vida del creyente: saber sin cuestionamiento alguno que el Espíritu de Dios en persona se manifestó a él/ella en su interior. Los pentecostales creen que las lenguas proveen esta seguridad; de hecho, es asunto de dogma entre ellos que el bautismo en el Espíritu Santo siempre va acompañado de las lenguas.

«El bautismo de los creyentes en el Espíritu Santo», dice la constitución de las Asambleas de Dios, «es atestiguado por la señal inicial del hablar en otras lenguas, según el Espíritu les da que hablasen». La declaración de fe de la Iglesia de Dios dice esencialmente lo mismo: «Creemos en el hablar en otras lenguas, según el Espíritu nos dé que hablemos, y esta es la evidencia del bautismo en el Espíritu Santo».

Sin embargo, fuera de las denominaciones pentecostales, encontré que había gente que no estaba segura de esto, incluso entre los que hablaron en lenguas en el momento de ser bautizados.

Un ministro luterano, Larry Christenson, pastor de Trinity Church [Iglesia la Trinidad] en San Pedro, California, expresó que este es probablemente el punto de vista de la mayoría de los que hablan en lenguas, pero que no pertenecen a una denominación pentecostal. Al revistar los relatos del bautismo en el Libro de los Hechos, él preguntó (en la revista *Trinity*):

> ¿Esto significa que todo aquel que recibe el Espíritu Santo hablará en lenguas? ¿Qué si tú no has hablado en lenguas, realmente no has recibido el Espíritu Santo? No creo que se pueda argumentar tal cosa basándose en las Escrituras. Sin embargo, creo que el Libro de los Hechos sugiere un *patrón* útil: (1) Recibir el Espíritu Santo es una experiencia definitiva, instantánea y bien definida... (2) Una manera sencilla y designada por Dios para manifestar el don del Espíritu Santo es levantar la voz con fe y hablar un nuevo lenguaje impulsado por el Espíritu Santo.

En el extremo opuesto a los pentecostales había gente convencida que de que tenía el bautismo en el Espíritu Santo, pero negaba que las lenguas fuesen parte normal de la experiencia. Uno de estos es el Dr. E. Stanley Jones. Tib y yo le preguntamos a este misionero a la India veterano que él pensaba respecto al tema, y más tarde recibimos una carta de él en la cual nos contó la experiencia que vivió cuando asistía a Asbury College en Wilmore, Kentucky. El Dr. Jones escribió:

> Estaba yo y tres o cuatro más en una reunión de oración en uno de los cuartos de mis compañeros estudiantes, quienes no mostraban ninguna emoción especial o expectativa, cuando repentina y soberanamente fuimos todos llenos del Espíritu Santo, quien literalmente nos barrió los pies. Yo no dormí el resto de la noche, y me la pasé caminando de un lado a otro, alabando al Señor. Durante los siguientes tres días las clases fueron suspendidas, y todo se tornó en reuniones de oración. La gente proveniente del campo se convertía, incluso antes de llegar al auditorio; estos se arrodillaban en el campus y se convertían. No había predicación, solo oraciones y testimonios de victoria. Cada estudiante en el campus se convirtió.

Yo me pregunté cuál era el significado de eso. Entonces pronto lo descubrí. Estaba siendo preparado para el trabajo que Dios tenía para mí; por tanto, dije sí al llamado misionero.

¿Evidencias del Espíritu Santo? El Espíritu Santo mismo fue la evidencia. Ninguna otra evidencia fue necesaria o requerida. Pedir por una evidencia sería como pedir por la evidencia del sol al mediodía. Nadie hablaba en lenguas, [quizá] porque eso no nos fue enseñado.

Así que, aquí estaba la gama de opiniones sobre la importancia de las lenguas al momento de determinar la presencia del Espíritu: desde «esenciales» a «útiles», hasta «innecesarias».

Sin embargo, las lenguas tenían la reputación de tener otros usos que simplemente servir como señal del bautismo. Cuando San Pablo hablaba de las lenguas como un don, él las relacionó con la habilidad para alabar a Dios.

Tuvimos una oportunidad interesante para comparar esta función de las lenguas en la experiencia contemporánea cuando hablamos con un joven graduado de Yale. Robert V. Morris había sido un miembro del Yale Christian Fellowship [Comunidad cristiana de Yale] y estaba bastante satisfecho con su vida religiosa excepto en el área de la alabanza. Él recuerda que una vez, cuando fue su turno para dirigir las oraciones en el YCF, hizo una pausa inusual. En aquella ocasión él estaba usando las palabras de siempre, «te alabamos, te adoramos...» cuando de pronto, se detuvo en seco.

«No, no es verdad», dijo él, con la franqueza que había entre ellos. «No sé lo que significa adorar a Dios». Ciertamente él sabía cómo agradecerle por cosas específicas; y con frecuencia sentía alguna emoción cuando escuchaba la hermosa música de órgano durante el servicio, o veía los bellos vitrales. Sin embargo, la alabanza a Dios en sí misma, no la que tuviese la ayuda de algo que él hubiese hecho o que estuviese mediada por alguna habilidad humana —admitió a sus amigos—, era algo que aún no había conocido.

No pasó mucho tiempo después de esto, que ciertos eventos ocurrieron en Yale, eventos que fueron reportados con lujo de detalles por los periódicos y revistas de todo el país. Muchos en el YCF y otros en el campus de Yale recibieron el bautismo en el Espíritu Santo con los dones, incluyendo las lenguas. Aunque la prensa aprovechó las lenguas para hacer sus mejores historias, Bob Morris y los otros pusieron muy poco énfasis en ellas en su propio modo de pensar, al sentir que los dones de profecía, sanidades, y sobre todo, el fruto del amor —cosas que el Espíritu había derramado sobre el grupo— eran, por mucho, lo más importante. No obstante, en la vida religiosa de Bob las lenguas llenaron un vacío importante.

«El don de lenguas terminó siendo para mí en el don de la alabanza», dijo Bob. Y agregó:

> Al usar el lenguaje desconocido que Dios me dio, sentí que el amor, el asombro y la adoración pura crecían en mí, cosas que no había sucedido mediante la oración con el entendimiento. La alabanza y la adoración son cosas básicamente no conceptuales, y la glosolalia es una oración no conceptual. Nos libera de nuestra dependencia de las especificaciones de un proceso paso a paso, para lanzarnos a una conciencia directa de Dios, tal y como somos conscientes del impacto de una personalidad humana, sin enumerar los detalles que la componen.

Y esta nueva dimensión de oración no solo estaba presente cuando Bob oraba en lenguas, sino también cuando magnificaba a Dios en inglés. Con frecuencia, él comenzaba su devocional con lenguas, y luego que sentía el poder de esta nueva capacidad en él, entonces hacía el cambio a inglés. De esta manera, su vida de oración fue totalmente transformada.

«He notado una nueva habilidad para dar gracias al Dios revelado en Cristo», escribió para la revista *Trinity*, en el frenesí nacional que despertaron los eventos de Yale. «No es solo una acción de gracias con el intelecto, sino una alabanza que parece fluir de profundidades desconocidas de una manera no emotiva, pero que llena de complacencia».

Luego añadió: «También he tenido una sensación muy clara: se trata de un poder físico literal y de flexibilidad para encarar los desafíos de la vida diaria».

Esta fuerza física y flexibilidad son otros de los propósitos de las lenguas observados por San Pablo. «El que habla en lengua extraña, a sí mismo se edifica...» (1 Corintios 14:4).

Tenemos un amigo que solía desplazarse por ferri entre Staten Island y Manhattan, en la ciudad de Nueva York. El viaje tomaba cerca de hora y media y esto podría ser frustrante en un día muy ocupado. Pero ese hombre, David Wilkerson, usaba el tiempo que pasaba en el ferri para orar en lenguas. Él empezaba pensando en todas las cosas por las que tenía que estar agradecido, y a diferencia de Bob Morris, él repasaba primero estas cosas una por una en su mente, en inglés, alabando a Dios por cada una.

Poco a poco, dentro de él, sentía un creciente sentido de gozo. Él estaba consciente de que era amado, y procurado. Luego comenzaba a vislumbrar un patrón y un diseño en todo lo que le estaba sucediendo. Y de pronto, al tratar de expresar su gratitud, él se veía limitado por la barrera del lenguaje. En inglés, ya no podía expresar lo que él sentía. Esto era simplemente inadecuado para el Ser que él estaba percibiendo. Y era en este punto que David irrumpía en una comunicación que no estaba limitada por el vocabulario. Su espíritu tanto como su mente empezaban a alabar a Dios.

Inevitablemente, para cuando David llegaba al muelle de Manhattan, se había operado una transformación en su vida. Él había sido edificado en cuerpo y en espíritu. Se sentía envalentonado, listo para afrontar desafíos imposibles, vigorizado y refrescado, listo para encontrarse con lo que fuese que el día habría de traer. Y esto siempre fue importante para David Wilkerson, quien, como joven predicador entre las pandillas de los barrios bajos de Nueva York, tenía que entrar en contacto con adolescentes adictos a las drogas, chicas prostitutas, jóvenes asesinos, y con algunos de los problemas más desalentadores e insolubles del mundo de hoy.

A continuación, algunas respuestas similares a las ya mencionadas respecto al valor de las lenguas:

«¿Para qué sirve hablar en lenguas? La única manera en que puedo contestar a esta pregunta es esta: "¿Para qué sirven los pájaros azules?

¿Para qué sirve el atardecer? Simplemente es algo sublime, puro y absoluto; es una alegría inefable, que trae salud, paz y descanso de las cargas y las tensiones»
—*Marianne Brown*, ama de casa, Parkesburg, Pennsylvania.

«Con frecuencia —y mucha frecuencia, de hecho— tengo que dormir sentado en un autobús Greyhound o un aeroplano. No lo recomiendo como substituto de un buen colchón. Pero, yo tengo un secreto: en el momento que cierro mis ojos, empiezo a orar en el Espíritu. Oro toda la noche de esta manera, cuando me despierto y vuelvo a dormir, siempre oro así. No alcanzo a dormir mucho, pero descanso mucho. A la mañana siguiente estoy fresco, fuerte y listo para un día entero de trabajo».
—*David DuPlessis*, ministro pentecostal, Oakland, California.

«Cuando empiezo a orar en lenguas me siento —y la gente me ha dicho que parezco— 20 años más joven. Mi mente consciente no sabe lo que estoy diciendo, pero mi inconsciente y subconsciente sí. Ya que lo que pasa es precisamente lo que San Pablo dijo: "El que ora en lenguas, asimismo se edifica". Soy edificado, me es dado gozo, valentía, paz, sentido de la presencia de Dios; y resulta que soy una persona con una personalidad débil, la cual necesita estas cosas».
—*William T. Sherwood*, sacerdote de 75 años de la iglesia episcopal de St. Petersburg, Florida.

Cuando el reverendo Sherwood se retiró (hace diez años), él escribió un testimonio de gozo. Dijo que por muchos años se había sentido físicamente mal, continuamente cansado, y sin energía. Sin embargo, desde que fue bautizado en el Espíritu Santo, él empezó a vivir los años más productivos de su vida.

Otro de los usos de las lenguas sugeridos en la Biblia es para orar, incluso cuando no tenemos ni idea de qué pedir en determinada situación (vea Romanos 8:26-27).

Lidia Maxam evidentemente dependía mucho de esta clase de oración en lenguas cuando ella intercedía por otra persona, dándose cuenta de lo poco que realmente ella podría llegar a saber sobre una situación. Entonces me pregunté: ¿Habrá otras personas que usen las lenguas de este modo? Esta es parte de la carta que recibí de un psiquiatra:

> Cada mañana, antes de que comiencen las citas, mi esposa y yo oramos juntos. Oramos por nuestras propias necesidades y entonces por cada paciente que veré ese día.... Mencionamos primero nuestras propias percepciones de su problema, usando las notas que tomé durante sesiones anteriores y lo que sabemos sobre medicina y psiquiatría. Pero luego, al darnos cuenta de lo lejos que estamos de comprender las enfermedades mentales, oramos en lenguas por él/ella. Luego, me quedo asombrado del poder sanador que está presente en las sesiones que tengo con las personas por las que oramos.

Uno de los ejemplos más sorprendentes que conozco de cuando el intelecto simplemente rehúsa orar en una emergencia, es el narrado por William c. Nelson. El reverendo Nelson es editor de Frontiers para el American Baptist Convention, pero en el tiempo que se presentó este incidente él era pastor de la First Baptist Church en Whitman, Massachusetts.

En la oscuridad de la noche, en un día del otoño de 1959, el teléfono al lado de la cama de Bill empezó a sonar. Bill buscó a tientas el auricular, y todavía aturdido, contestó. Era la voz de una mujer, la cual se identificó como enfermera de un hospital cercano. Había ocurrido un accidente automovilístico, dijo ella.

Tenemos a Carol Vinall aquí, en el hospital. Su madre nos dio el nombre suyo, nos dijo que era ministro. Si desea venir será mejor que lo haga de inmediato, pues el doctor piensa que ella no vivirá ni una hora más.

«Ahí estaré».

Bill se vistió, y manejando encima del límite de velocidad, llegó al hospital. En la recepción habían avisado de su llegada, por lo que rápido lo pasaron al tercer piso. El reloj del elevador daba las 3:15 a. m.

«Por aquí», dijo la enfermera.

Carol, de 13 años, yacía en una cama alta sin esperanza de vida. Su madre estaba al lado del suministro de oxígeno. «Fue una colisión de frente», dijo ella a Bill. «Y ella no se ha movido desde que llegamos». Aparentemente, Carol fue lanzada a través del parabrisas, y un doctor le explicó que había un grave daño en el cráneo, en el cerebro incluso.

«Si llega a vivir», dijo la señora Vinall, «dicen ellos que ella no podría ser una persona normal».

Bill sabía que debía orar. Él era su pastor. La señora Vinall tenía el derecho de esperar apoyo y confort de él. Pero, ¿cómo orar?

Él miró a Carol y sintió que la hora que el doctor había estimado era una estimación muy optimista. La jovencita todavía tenía su ropa puesta; su suéter negro estaba desgarrado y manchado. Su cabello, recogido hacia atrás desde el rostro, desgarrado y magullado. Los puntos de sutura que le habían hecho en emergencias (que intentaron cerrar las heridas) estaban hinchados y enrojecidos.

Y la peor de las heridas, la que él ahora conocía (aunque no era posible verla), estaba dentro del cráneo: el hueso que protege al cerebro estaba fracturado. ¿Cuál sería el daño que había sufrido el cerebro? ¿Tenía él algún derecho de orar para que ella se recuperara cuando todo parecía indicar que Carol se convertiría en un ser más parecido a un vegetal que a un humano? Aunque claro, él no podría orar que ella muriera.

Bill se acercó a la chica y colocó sus manos en una parte de su cuerpo que parecía estar sin daño, su brazo derecho. En ese momento se aglomeraron en su mente muchos pensamientos negativos. «Señor», dijo en su mente, «dame las palabras para orar».

En ese instante, un verso de la Biblia apareció en la mente de Bill: «y de igual manera, el Espíritu nos ayuda en nuestra debilidad; porque no sabemos orar como deberíamos, pero el Espíritu mismo intercede *por nosotros* con gemidos indecibles; y aquel que escudriña los corazones sabe cuál es el sentir del Espíritu, porque Él intercede por los santos conforme a la *voluntad de* Dios (Romanos 8:26-27, LBLA).

¡Era exactamente lo que Bill necesitaba! Entonces Bill dio un respiro y empezó a orar, no con su mente, sino con sus labios y lengua solamente, sobrepasando todas las dudas y las vacilaciones de su humanidad al usar los sonidos que Dios le dio. Él le entregó la oración enteramente al Espíritu Santo, sabiendo que Él amaba a Carol más que cualquier ser humano podría amarla.

Bill sintió una extraña paradoja en la situación: en la medida en que fuera más pasivo y complaciente, en esa medida, él sería más efectivo para Dios.

Él oró a Dios de esta manera, silenciosamente y en voz baja, por quince o veinte minutos. Apenas se había dado cuenta de lo que estaba a su alrededor: de la lámpara de pie que proyectaba su luz contra la pared, de las botellas de solución salina, de la fuente de oxígeno, de las jarras de plasma colocadas cerca de la cama de Carol, del otro paciente en el cuarto, quien estaba viéndolo todo en silencio. Ni de la vigilia inquebrantable de la señora Vinall. Sin embargo, de algo estaba consciente; de dos cosas dentro de él. Bill sintió una corriente de calor que fluía de él hacia el brazo de la chica que él sostenía ligeramente; y también de una certeza brillante y extraña que se hacía más fuerte a cada momento: la seguridad de que Carol volvería a estar bien.

Entonces Carol se movió.

Eso fue todo. Solo un movimiento fugaz. Un susurro de vida que tocó su pequeño cuerpo y después se fue; pero este dio a Bill Nelson el coraje para decir algo que estaba cantándose en su corazón. Algo de lo que él ahora estaba seguro. ¡Algo que él sabía!

«Sra. Vinal, Carol estará bien».

Estas palabras eran absurdas. ¡Cómo se había atrevido a pronunciarlas! Una enfermera llegó y se inclinó sobre la cama para realizar algunas tareas de rutina en tales casos.

El reloj del corredor dio las 3:45. Bill había estado ahí solo media hora, aunque le parecía más. La señora Vinall caminó con él hacia el elevador, como si quisiera quedarse cerca de la única voz de esperanza que había escuchado. Y en el elevador, le dijo otra vez lo que él mismo no entendía: «Carol estará bien».

Y Bill no se equivocó.

Doce semanas más tarde, Carol volvió a la escuela. Y hoy, cinco años después del accidente, las únicas secuelas fueron algunas cicatrices cerca de donde inicia el cabello, algunas pequeñas en su cara, y otras en los brazos. Por tanto, Bill Nelson cree con firmeza lo que dijo Pablo en Romanos, que cuando no sabemos cómo orar, «el Espíritu nos ayuda en nuestra debilidad».

La afirmación final que se hace en la Biblia sobre las lenguas es que —junto con el don de interpretación— provee un medio de Dios para comunicarse directamente con un grupo de cristianos reunidos para adorar.

Seré franco al decir que, en lo que respecta a las aplicaciones modernas del don, fue este uso de las lenguas en el culto público lo único que me pareció sospechoso. Para este tiempo, había asistido a muchos de estos concurridos servicios pentecostales e hice algunas notas al respecto.

«Me perturba», escribí, luego de uno de estos servicios, «que esta gente tenga que hablar tan alto y con tanta monotonía al hablar en lenguas o al dar la interpretación. Estos parecen casi entrar en trance, lo que podría significar que ellos genuinamente están poseídos por el Espíritu, o que simplemente esperan que los demás los vean así».

En otra noche, simplemente escribí: «Muy teatral».

Noté también que con frecuencia no había correlación entre la longitud del mensaje en lenguas y la longitud de la interpretación. Con frecuencia tuve el sentimiento de que una interpretación (casi siempre dada por un ministro) tenía lugar tan solo porque Pablo insistía en ello, y no en respuesta a un impulso interior genuino. También, muchas veces me sentí defraudado con el contexto de la interpretación: la mayoría de las veces se trataba de una exhortación estereotipada a «... estar firmes hasta el final...» o «... caminar en el camino... caminar en el camino del Señor...». Me molestaba también que el lenguaje que casi siempre se usaba era exclusivamente el de la King James English Version [9] ¿Por qué, si Dios realmente está usando este medio para comunicarse con la gente aquí y ahora, no usa el lenguaje usado aquí y ahora?

Fue entonces que, una tarde, tuve una experiencia personal con esta clase de mensajes de Dios, cosa que tuvo que incluirse en cualquier reflexión que hiciera al respecto. Tib y yo fuimos a Filadelfia a una reunión llamada «Grupo Sabatino», una reunión flexible y deliberadamente no organizada de cristianos que hablan en lenguas —la mayoría de ellos de iglesias denominacionales—, los cuales rentaban un salón del Hotel Benjamín Franklin un sábado por mes para una reunión de oración que duraba todo el día. Ellos oraban buscando ser llenos del Espíritu. La semana anterior, antes de irme, había tomado una decisión que me había estado molestando desde entonces. Esta envolvía a un joven que había conocido hacía algunos años al estar escribiendo un artículo para la revista; cuando hacía la investigación para un artículo que trataba de la delincuencia juvenil. En aquel momento, yo había jugado un papel importante en conseguir que él y otros recibieran liberad condicional por el cargo de robo. Yo había tenido contacto con su familia de vez en cuando después de aquel tiempo, y había ayudado a ese joven a conseguir un empleo y dos veces me habían puesto en conferencia debido a que este había sido acusado de robo en el trabajo. Ahora él estaba de nuevo en la cárcel debido a una irrefutable evidencia en su contra; y yo había llegado a la difícil conclusión de que, intentar sacarlo de allí, interceder a su favor, e interponerme entre él y las consecuencias [todo eso que yo había hecho a su favor], nunca habían sido cosas que fuesen para él realmente importantes.

Había sido un asunto largo y complejo que involucraba a un grupo de la iglesia y a otras personas, pero básicamente, la decisión había sido mía y yo vacilaba entre una profunda convicción al respecto y una profunda duda. Unos miembros de la familia del joven habían escrito acusándome de ser un amigo desleal, y usaron otros adjetivos duros.

---

[9] La King James English Version es todavía la versión de la Biblia más popular en el mundo de habla inglesa. Esta versión es, en contenido, muy parecida (o casi idéntica) a la versión española Reina Valera.

De todos modos, fuimos a Filadelfia. Por la primera hora despúes de habernos reunido con el grupo en el piso undécimo, la reunión era similar a otras que había asistido antes. Hubo un buen rato en que los asistentes oraban en lenguas, pero estas eran oraciones en privado: ya fuera que estuviesen adorando calladamente, o que pequeños grupos de tres o cuatro se «ministraran» unos a otros.

De pronto, una mujer ministra metodista, dio un paso al centro de la sala y dijo una palabra en lenguas que claramente tuvo la intención de que fuese escuchada por todos. Entonces hubo un silencio. Una voz varonil la interpretó. Yo no podía verlo debido al lugar en donde estaba sentado, pero había un indicio de trance en el tono de su voz. El lenguaje que usó era simple, en inglés actual, y con voz suave: «No te preocupes. Estoy complacido con la postura que has adoptado. Esto es difícil para ti, pero esto traerá mucha bendición a otros».

Estas palabras me pegaron tanto, que las podría definir como indescriptibles. Sabía que este mensaje era para mí en ese momento, específicamente para mí. De hecho, ellas me dieron el coraje para mantenerme firme en mi decisión en las semanas siguientes, incluso frente a una gran presión. Hubo luego un problema particular, cuya estrategia efectiva sería precisamente esa. Sin embargo, lo pertinente en ese momento fue la certeza de que ese mensaje de Dios era para mí, y eso me hizo dejar de cuestionar este tipo de manifestaciones: ahora yo estaba seguro de que eso era de Dios, tanto como estoy seguro de que en este momento estoy frente a una máquina de escribir.

Claro, luego juzgué estas palabras de muchas maneras. Sin embargo, no podré negar lo que sentí en ese momento. Aquí estaba algo que no había leído en las cartas de Pablo y que no podría siquiera imagina: que Dios podría acompañar el mensaje con una convicción corroboradora en el oyente.

De forma natural, no me esforcé mucho en rebatir esta idea: recibir un mensaje de Dios es algo maravilloso. Cuando me propuse a descubrir si las lenguas tenían valor práctico, me refería, por supuesto, al valor que tiene para otras personas.

CAPÍTULO IX

La historia de un detective

Uno de las personas más agradables que he conocido es Jacob Rabinowitz, un judío alto, robusto y jovial. Cuando Tib y yo nos comíamos un sándwich con él en un restaurante de Nueva York, de pronto dijo algo bastante inesperado: «¿Has escuchado de un judío ortodoxo?, ¿de un judío conservador?, o ¿de un judío reformista? ¿Verdad?». A ello dijimos que sí. «Pero, ¿has escuchado de un judío *completo*?», preguntó además Jacob.

Cuando le dijimos que no, Jacob nos contó su historia. Él era un rabino, hijo de rabino, el nieto de un rabino y así por 17 generaciones. Por cientos de años, los Rabinowitzes habían sido rabinos. Cuando Jacob, algunos años atrás, había empezado a ser persuadido de la verdad de la fe cristiana, se sentía como un traidor a esta larga tradición. «Estaba a punto de convertirme en un judío converso al cristianismo», nos dijo, «Suena tan horrible, como alguien que le da la espalda a su herencia judía. Yo estaba orgulloso de ser judío; y hoy sé que no hay tal conflicto. No soy un judío converso, sino un judío *completo*, como Pedro, como Pablo».

Entonces, Jacob nos contó del evento que le hizo sentir que finalmente se había vuelto en un judío *completo*. Jacob había sido —como él lo dice—, un cristiano por convicción, pero, a la vez, un hombre que se sentía culpable, consciente de una profunda división dentro de sí mismo. Fue una noche del sofocante verano de 1960, en pleno julio, que un amigo le invitó a visitar la First Assembly of God Church [Iglesia la Primera Asamblea de Dios] en Pasadena, Texas, la cual estaba en avivamiento. Jacob aceptó ir, aunque renuentemente, pues desconfiaba del emocionalismo.

El servicio fue típicamente pentecostal. Hubo cánticos, testimonios, aplausos y un sermón al final. Cuando el sermón terminó, el predicador invitó a pasar al altar a todo aquel que tuviese un problema personal para recibir las oraciones de la congregación.

De pronto, Jacob sintió un gran deseo de pasar, y dejar ahí la doble vida que hacía tiempo él solía llevar, y resolver, de una vez por todas, el conflicto que tenía en su alma. Jacob pasó y se arrodilló junto con otros. Pero cuando el predicador le preguntó cuál era su necesidad especial, él calló.

«Está bien», dijo el predicador, «Dios conoce tus necesidades mejor que tú mismo». Y volviendo a la congregación, pidió una «oración en el Espíritu» a favor de Jacob.

Varios hombres a la vez dejaron sus asientos y se colocaron alrededor del rabino que estaba arrodillado. Algunos se quedaron detrás de él y otros le pusieron las manos en la cabeza y los hombros, otros simplemente permanecieron con sus cabezas agachadas. Entonces ellos empezaron a orar simultáneamente, unos en inglés, otros en lenguas.

Luego de unos minutos así, Jacob levantó la cabeza y quiso mirar atrás de él. Sus mejillas estaban enrojecidas y empapadas.

«Eso fue hermoso», dijo él. «¿Quién de ustedes es judío?»

Nadie respondió.

«¿Quién de ustedes me conoce? Perdóname, pero, no logro reconocerte...».

Ellos seguían en silencio.

Ahora toda la iglesia hizo silencio. «Provino de aquí, atrás de mí», dijo Jacob. «De aquí, exactamente de donde estás parado», dijo a uno de los hombres. «¿Eres judío?».

«¿Yo?», el hombre sonrió. «Mi nombre es John Gruver. Soy irlandés».

«¡Esa fue la voz! ¡Esa fue la voz!, dijo el rabino, emocionado. «Pero tú... ¿no hablas hebreo?».

«Ni una palabra», dijo Gruver.

Jacob se puso de pie. «Ahí es donde tú estás mal», dijo Jacob. «Porque hace un momento estabas hablando hebreo...».

Mientras Jacob nos contaba la historia, su voz estaba quebrantada por la emoción. «¿Puedes imaginar a ese enorme irlandés atrás de mí, hablando el hebreo más hermoso que yo había escuchado jamás? ¿Puedes simplemente imaginar a ese irlandés hablando hebreo?

«¿Y cómo él supo el nombre de mi padre? Ninguno en Texas conocía a mi familia. Pero esto fue lo que dijo: "He soñado un sueño —dijo él en hebreo, en perfecto hebreo— "que tú irás a lugares populosos y predicarás allí. Aquellos quienes no han oído te entenderán, Jacob, hijo del rabino Ezequiel, ve en la plenitud de la bendición del Evangelio de Jesucristo».

El rabino nos miró. «¿Qué opinan de eso?». Luego quitó su servilleta del cuello y echó su silla hacia atrás. «Dios estaba hablándome como judío y como cristiano también. No hubo diferencia. En Jesucristo, todas las diferencias son absorbidas».

Con esto quedé satisfecho.

Por meses había estado tratando de evitar una obvia discrepancia en las historias que trataban el tema de las lenguas. En una clase de relatos, las lenguas nunca son reconocidas, ni por el que las habla ni por el que escucha, sino que permanece como una colección de sonidos sin sentido. Estas fueron obviamente la clase de lenguas con las que San Pablo estaba familiarizado. «Porque el que habla en lenguas no habla a los hombres, sino a Dios; pues nadie le entiende, aunque por el Espíritu, habla misterios». «Lengua extraña», este fue el nombre que con frecuencia la Biblia le da a este fenómeno, y este es el tipo de lenguas más común en nuestros días.

Por otro lado, han existido ocasiones, tanto en los tiempos bíblicos como a través de la historia desde entonces, cuando las lenguas no tienen significado para quien las habla, pero que son las de un idioma que alguien reconoce, y donde el hecho de que se trate de un lenguaje conocido ha sido parte esencial de su efectividad. El Pentecostés mismo, registrado en el Libro de los Hechos es un ejemplo. Las multitudes en las calles fueron impresionadas por los seguidores de Jesús debido a que los oyeron hablar lenguajes conocidos que ellos no pudieron haber aprendido por los medios naturales. Para San Pacomio, un conocimiento místico del griego debió ser de gran valor en sus tratos con los extranjeros, pues esta era la lengua franca [lat. *lingua franca*]. El judío que entró en la reunión de la calle Azusa se convirtió debido a que Kathleen Scott le habló en hebreo.

Sabía que no podría ignorar estas historias.

Aparecían con demasiada frecuencia entre personas que, incluso, llegamos a conocer personalmente. Harald Bredesen dijo que él había hablado en polaco y en árabe; Jacob Rabinowitz escuchó a un irlandés hablar en hebreo, y justo en esa semana había leído una carta de Dennis Bennett —escrita desde Seattle con excelente mecanografía, por lo que percibí que la pequeña iglesia de la misión ahora tenía una secretaria—, la cual decía que un chofer de camiones en su parroquia había recibido el bautismo y que su lengua había sido reconocida por un natural de China como un chino mandarín. Era imposible pensar que Harald, Jacob y Dennis habían mentido deliberadamente para persuadirme de algo, ya que era evidente que ellos creían lo que decían. Sus vidas habían sido transformadas por estas experiencias. No era creíble que ellos hubieran confeccionado engaños elaborados, y los continuaran confeccionando de por vida.

Claramente, lo que ellos proclamaban y creían eran milagros, pero yo me resistía a creer. De seguro debería haber alguna explicación natural (no milagrosa) para estas cosas. Fui a la pila de cartas que recibí de los que hablaban lenguas, buscando los relatos de aquellas personas en donde el Espíritu había puesto un lenguaje conocido en sus labios. Las puse en mi escritorio, y estas hicieron un impresionante montón. El trabajo ahora para mí era encontrar una explicación para cada una que satisficiera tanto mi lógica como los hechos proporcionados por el escritor.

¿No sería que, por ejemplo, estos «milagros» no fueran más que un truco de la memoria subconsciente? El emisor había escuchado ese lenguaje tiempo atrás, tal vez cuando era un niño, y retuvo frases en su subconsciente mientras que las olvidó con su mente consciente.

Al principio pensé que estaba en un sendero que me llevaría a algún lugar, ya que en muchas de las cartas encontré las palabras «fragmentos de» o «frases de» o «palabras que sonaban como lenguajes conocidos». Me pareció que la explicación *del olvido* podría ser satisfactoria.

Sin embargo, era más difícil aceptar esta teoría en los casos en los que el emisor no hablaba una frase o dos de un lenguaje conocido, sino un discurso entero bien conectado. Mr. Roy H. Wead, de South Bend, Indiana, me contó en su carta un evento que ocurrió en 1934. El «hermano Richardson» de la historia es L. B. Richardson, quien actualmente vive en Jacksonville, Florida, pero que en 1934 estudiaba en la misma escuela bíblica pentecostal que Roy Wead. Roy escribe:

> ... el hermano Richardson en ese momento tenía considerables dudas respecto al bautismo en el Espíritu Santo. Él dudaba incluso de su propia experiencia, de cuando recibió el Espíritu Santo cuando era un niño.
>
> Este comenzó a buscar al Señor en su cuarto en la escuela, y continuó orando ahí la mayor parte del día. Mi habitación estaba al otro lado del pasillo, por lo que, cuando salía para ir a las clases, podía oír su oración. En la tarde, después de varias horas de oración, era evidente que él finalmente había obtenido una maravillosa victoria, pues le encontré regocijándose en el Señor, alabándole y adorando en lenguas extrañas dadas por el Espíritu.
>
> Más tarde aún, al volver al pasillo que daba a mi cuarto, noté a un joven chino, Samuel Ko, quien era otro de los estudiantes, parado ahí, en el pasillo, junto a la puerta del cuarto del hermano Richardson, escuchándolo hablar en un lenguaje desconocido. El hermano Ko, muy eufórico, me dijo que el hermano Richardson estaba hablando en un chino que él podría entender. ¡El hermano Ko podría entender lo que Richardson hablaba en lenguas! Más tarde declaró que el hermano Richardson estaba hablando de cosas de China que para el hermano Ko eran muy

familiares. El hermano Richardson estuvo hablando en chino por algunos minutos, al menos media hora, o incluso más.

La carta continuaba diciendo que Richardson no tenía ningún conocimiento de tal idioma, ni nunca había estado expuesto a este; y que esta experiencia le animó bastante: sus dudas se habían disipado.

«De acuerdo», dije para mí mismo, «supongamos que el señor Wead está siendo honesto, que tiene bastante buena memoria, y que Richardson habló en chino por media hora. ¿No es concebible que, de alguna manera —aunque difícil de imaginar, pero no imposible— Richardson no solo haya escuchado el chino mientras era un niño pequeño (bastante joven para recordarlo), sino que la haya hablado con fluidez?

Supongamos que él había tenido un compañerito chino o una nodriza china quien le habló en voz alta las cosas de China que Ko pudo reconocer. Sabemos que Richardson estuvo en un estado muy emocional cuando esto sucedió; él había estado orando por muchas horas. ¿No sería en este preciso momento cuando los recuerdos que tenía de niño —tan enterrados en su mente— finalmente salieron a la luz?

Una refutación más contundente sería si un niño, cuya historia expuesta fuera conocida, hablara un idioma extranjero real (y entre los pentecostales es muy común que los niños hablen en lenguas). De hecho, pronto encontré un relato de esos en mi pila de cartas. Este fue de William C. Pickthorn, de Palo Alto, California. Él me relató lo sucedido el 30 de julio de 1932 (de su diario personal):

> Esta historia ocurrió en una reunión de oración en el campo —según mi diario—, «a dos millas de la cabaña», cerca de Ironwood, Michigan. Yo estaba en ese entonces ayudando a un pastor apellidado Block, quien trataba de establecer una iglesia en Ironwood. El reverendo Block fue pastor en Winegar, Wisconsin. Él había estado evangelizando a mucha gente en los pueblos aledaños y entonces llamó al equipo de evangelismo (del cual yo era miembro) a capitalizar los esfuerzos evangelísticos en núcleos organizados de creyentes.
> Las reuniones públicas se celebraban en una carpa en Ironwood.

Un buen número de gente, y entre ellos gente respetable en la comunidad, estaba asistiendo a los servicios. En mi diario registré la visita que hicimos a la familia Erickson, el 30 de julio. Una joven que había hablado conmigo la noche anterior estaba ahí. Su madre había sido sanada mediante la oración del Rev. Block el invierno pasado. La familia entera se había interesado por el bautismo en el Espíritu Santo, pero tenían miedo a la experiencia porque les habían dicho que «las lenguas» eran cosa del diablo. La mamá dijo que a ella le gustaría asistir a una de las reuniones en la cabaña, pero tenía miedo de hacerlo; aunque finalmente accedió y estaba ahí. Noté que ella observaba a un jovencito de 12 años, quien estaba sentado en el piso con las manos entrelazadas en sus rodillas. El jovencito oraba fervientemente. De pronto, él empezó a hablar en un lenguaje que yo no podía entender; y luego a cantar, en ese mismo lenguaje.

La señora Erickson empezó a llorar. Por mi parte, yo estaba bastante turbado, y traté de disculparme con ella. Pero ella me contestó lo siguiente: «No, este muchacho no me ha molestado. Esa no es la razón por la que estoy llorando. Yo lo conozco de toda la vida. Estuve con su madre cuando él nació. Y ahora, acaba de cantar una canción de alabanza a nuestro Dios, una canción que nunca antes había escuchado, y que de seguro él tampoco, pues acaba de cantarla en mi lengua, en Sueco, y él no la conoce. Cuando él oraba, oraba en sueco».

Si no hubiera más que contar aquí, esta información ciertamente contradeciría la teoría de la memoria subconsciente. Pero, ¿había algo más? La señora Erickson no podría haber estado con el muchacho cada minuto de sus 12 años, por muy bien que ella creía conocerlo. Sin embargo, él vivía en una parte del mundo en donde los inmigrantes suecos se habían establecido en gran número.

Luego me encontré con una historia que de ninguna manera podría encajar en mi hipótesis de la exposición al olvido.

Un día un hombre joven de Nueva Jersey, Clifford Tonnensen, había asistido a un campamento pentecostal en Michigan. En el trascurso del evento, Clifford recibió el bautismo en el Espíritu Santo y comenzó a hablar en lenguas.

Una señora que estaba parada cerca de él se emocionó muchísimo, pues Clifford estaba hablando en alemán, dijo ella. Un hermoso y fluido alemán.

Pero esto no era todo lo que tenía emocionada a la señora; más bien, le emocionaba el hecho de que ella sabía que él no podría estar hablando ese idioma mediante ningún medio natural. De hecho, él no podía hablar ni siquiera su propio idioma, inglés. ¡Clifford era un sordo mudo, quien no oía desde que una enfermedad destruyó su audición cuando tenía dos años de nacido!

Al leer relatos como este, tuve que admitir que había otro factor que contradecía la memoria como fuente de algunos de estos aparentes milagros. Algunas veces el que habla las lenguas, mientras habla el lenguaje extranjero, menciona hechos o eventos que solo el que escucha sabe. John Gruver mencionó el nombre del padre de Jacob Rabinowitz. Kathleen Scott dijo al visitante en la calle Azusa por qué él había venido a Los Ángeles y cuál era su ocupación. Incluso si hubiese existido algún medio natural mediante el cual estas personas hablaron un lenguaje extranjero, ¿cómo es que tuvieron esa información?

Rodé mi silla hacia atrás, coloqué mis pies en alto y revisé el estado de mi investigación. Sin duda pueden haber existido algunos casos de trucos de memoria, pero estaba convenciéndome de que había muchos relatos que no podrían ser explicados de esta manera. «Tengo que probar otra táctica», le dije al librero que tenía enfrente.

Y esta vez volví mi atención a la Biblia. Solo hay una vez en las Escrituras en donde las lenguas son reconocidas como lenguajes humanos: en Pentecostés. Volví a leer el evento.

Cuando lo hice, tres versículos llamaron mi atención. Estos tres repiten la misma idea.

La frase que precedía a esta idea (que se expresaba tres veces), era una con la que yo estaba familiarizado: «Y fueron todos llenos del Espíritu Santo, y comenzaron a hablar en otras lenguas, según el Espíritu les daba que hablasen». Pero luego seguían los siguientes versículos:

Y al ocurrir este estruendo, la multitud se juntó; y estaban desconcertados porque cada uno los oía hablar en su propia lengua. Y estaban asombrados y se maravillaban, diciendo: Mirad, ¿no son galileos todos estos que están hablando? ¿Cómo es que cada uno de nosotros los oíamos hablar en nuestra lengua en la que hemos nacido?... les oímos hablar en nuestros idiomas de las maravillas de Dios (Hechos 2: 4, 6-8, 11).

¿No se sugiere aquí que nos enfoquemos en el que escucha y no en el que habla? En la multitud, cada uno los *oía* hablar en su propio idioma. Y como para enfatizar el punto, el pasaje lo menciona tres veces: «los oían hablar su propia lengua» (v.6); «los oímos hablar en nuestra lengua» (v. 8); «los oímos hablar en nuestros idiomas las maravillas de Dios» (v. 11).

¿Podría ser que el milagro no era tanto un fenómeno de los labios sino de los oídos? Con esta interpretación, muchas cosas encajarían de una vez.

Esto daría explicación, por ejemplo, a cómo L. B. Richardson podría haber estado escuchando por media hora a uno hablar en chino. Las sílabas sin sentido estarían impregnadas con significado para un Samuel Ko, ansioso por escuchar. Como los oyentes del Pentecostés, él escuchó a Richardson hablar su propia lengua.

Esto explicaría el suceso del muchacho que la señora Erickson escuchó hablar en sueco. Y cómo un niño sordo, que ni siquiera sabía hablar su propia lengua, pudo haber sido oído hablando alemán. Esto explicaría incluso todos esos casos en donde el mensaje de las lenguas contenía alusiones que solo el oyente podía saber.

Sin embargo, esto no podría explicar adecuadamente aquellas veces en donde varias personas escucharon la misma cosa. Para explicar esto como un fenómeno auditivo, tendría que creer que el mismo proceso interior había funcionado simultáneamente en la cabeza de cada oyente, cosa que sería un milagro en sí.

El Dr. T. J. McCrossan de Minneapolis cuenta la historia de nueve marinos de los Estados Unidos, quienes un sábado por la noche entraron en una pequeña iglesia pentecostal en Seattle, Washington, atraídos por la música, y entonces escucharon con bastante asombro como una mujer americana, quien ellos conocían, se levantó y dio un mensaje en lenguas. Y estos nueve marinos, siendo de origen filipino, le escucharon hablar un oscuro dialecto de Filipinas que ellos conocían, y todos estuvieron de acuerdo con el significado de lo que escucharon. La mujer, según ellos sabían, no podría hablar de forma natural Filipino, ni mucho menos ese extraño dialecto proveniente de una región muy poco visitada por los occidentales.

Un incidente similar tuvo lugar en el domingo de resurrección de 1950, una pequeña iglesia pentecostal en Gary, Indiana. Un miembro de la congregación, Paul Goodwin, se levantó y entregó una exhortación en lenguas. Mientras él hablaba, hubo mucho revuelo entre un grupo de italianos que estaban presentes, y cuando él finalizó, un joven llamado Leo Pella se levantó y dijo: «Sabemos quién es Paul Goodwin, sabemos que él no habla nuestro idioma. Sin embargo, acaba de hablar en un italiano perfecto, como si se hubiese graduado de un colegio en Italia».

Sin embargo, la historia más sorprendente en mi colección trata de un grupo que reconoció su idioma no en el extranjero, sino en casa. El que habló en lenguas en este caso fue el extranjero. Esta fue una aventura que tuvo lugar en el corazón de África en el año 1922.

Ese año, el reverendo H. B. Garlock y esposa, de Toms River, Nueva Jersey, fueron voluntarios de una misión peligrosa: fueron a África como misioneros a los pahns, una pequeña tribu en el interior de Liberia. Ningún otro misionero antes había trabajo con esa tribu, y la razón era simple: los pahns eran caníbales.

Los Garlocks llegaron a Liberia e instalaron un campamento con un grupo de cristianos africanos de una tribu vecina a los pahns. Casi inmediatamente después, la señora Garlock se enfermó de malaria. Su precario botiquín pronto se vació y la fiebre le seguía aumentando. Por otro lado, el hermano Garlock batalló mucho en convencer a los nativos para tomar el camino más corto que daba a la costa (para conseguir más medicinas), precisamente porque este atravesaría la comunidad de los pahns.

A final, sin embargo, el hermano Garlock convenció al jefe de que era posible eludir las áreas peligrosas, ya que, si no iban por más medicinas, su esposa moriría. Así, una mañana, al amanecer, un grupo de hombres abandonó el campamento y emprendió el viaje para traer los suministros, aunque lo hizo lleno de inquietudes.

Luego, cerca del mediodía, el líder del grupo apareció a la puerta de la choza de barro en donde yacía la señora Garlock. Estaba sin aliento; y entre jadeos, dijo lo que había sucedido. Uno de los hombres había sido capturado por los caníbales. El africano les aseguró a los dos misioneros que, a menos de que el hombre fuera rescatado, él sería comido.

En ese momento había en el campamento una buena noticia: solo una hora después de que el grupo de hombres se fuera, Dios había obrado y la fiebre de su esposa empezó a ceder. No obstante, ahora, Garlock sabía que la captura del hermano había sido su culpa, por lo que, sin vacilar, se encaminó él mismo hacia el territorio de los pahns, tomando consigo unos cuantos guerreros cuidadosamente seleccionados. Su meta era liberar al hermano.

Justo antes de que anocheciera, el pequeño contingente llegó a la villa y al lugar en donde el compañero había sido detenido. Una valla de madera rodeaba el grupo de chozas, pero nadie hacía guardia. Garlock miró con cautela y vio que en una de las chozas había dos centinelas, dos hombres que portaban lanzas afuera. Estos tenían trenzas y los dientes frontales estaban afilados como colmillos.

«Esa choza debe ser el lugar en donde está el hermano... ahí voy», susurró Garlock. «Si hay problemas, hagan tanto ruido como puedan, y yo trataré de escaparme en la confusión».

Garlock estaba contando con dos hechos que podrían ayudarle. Había la posibilidad de que los pahns nunca habían visto a un hombre blanco, así que esperaba que esta sorpresa le diera cierta ventaja. La otra es que él creía las historias de milagros registradas en la Biblia, en donde el poder sobrenatural de Dios ayudó a sus siervos en aprietos. Garlock oró mientras se adentraba en la aldea de los caníbales. Él oró que Dios le mostrara, paso a paso, lo que debería hacer.

Caminando tan erguido y recto como pudo, se dirigió directamente hacia la choza que servía de cárcel; y los guardias estuvieron tan sorprendidos, que ni siquiera lo detuvieron. Caminó entre ellos y se agachó para entrar en la choza. Afuera, escuchó que los guardias comenzaron a gritar; escuchó pasos golpeando la tierra compactada mientras otros corrían para unirse a ellos. En el oscuro interior, Garlock se arrastró hacia adelante hasta que sus manos tocaron a un sujeto atado al centro, sobre el poste principal de la choza. Garlock sacó un cuchillo de su bolsillo y cortó las ataduras. El hombre le habló, pero parecía petrificado por el miedo. Garlock arrastró al hombre aterrorizado a través de la puerta. Pero hasta allí llegaron: afuera había una multitud de africanos que gritaban y amenazaban, y estaban armados con cuchillos, lanzas y hachas.

Garlock había dicho a sus hombres que empezaran a gritar en tal caso, pero al otro lado de la cerca todo estaba en silencio: había sido abandonado.

No le quedó más remedio que intentar engañar a la gente. Con gran deliberación, colocó al prisionero contra la choza y luego se sentó él mismo sobre el cráneo de un elefante que estaba junto a la puerta.[10] Durante todo ese tiempo, él estuvo orando. La multitud se mantenía gritando y arremolinándose, pero no se acercaba.

Apareció la luna llena. Garlock se sentó quietamente sobre cráneo de elefante, y finalmente, la gente se puso en cuclillas formando un gran semicírculo frente a la choza. En el centro, Garlock creyó ver al jefe y, a su lado, al brujo del pueblo.

De pronto, este último se puso de pie, corrió unos pasos hacia Garlock y se detuvo. Extendió una varita de junco, la agitó hacia Garlock y luego comenzó a caminar de un lado a otro entre el misionero y el

---

[10] En el libro no explica de qué exactamente se trata esto, si está relacionado con algún tipo de superstición que tenían los nativos.

jefe, hablando en voz alta y gesticulando ocasionalmente hacia el prisionero. Garlock no podía entender ni una palabra de lo que él decía, pero era claro que no se trataba de un juicio.

El brujo sermoneó a Garlock por una hora, y entonces abruptamente se detuvo. Vino por primera vez directamente a Garlock y escudriñó su rostro. Echó el cuello hacia adelante y luego hacia atrás en medio de las ovaciones de los espectadores. Luego, con gran ostentación, puso la varita sobre los pies de Garlock, en tanto que él dio un paso hacia atrás, esperando.

El silencio inundó el ambiente. Garlock sabía que ese era el tiempo para hablar en su propia defensa, pero cómo, él no sabía ni una sola palabra del lenguaje de los pahns. La multitud comenzó a ponerse inquieta.

Para ganar tiempo, Garlock se levantó y recogió la varita, y al instante, los nativos guardaron silencio; y mientras esperaban, Garlock oró.

«Señor, muéstrame qué debo hacer. Envía tu Espíritu para ayudarme».

De pronto, Garlock empezó a hablar violentamente. Y esto lo asustó, pues no quería que los demás vieran que él tenía miedo. Sin embargo, con el temblor vino también una sensación de cercanía con el Espíritu Santo. Las palabras de Jesús vinieron a su pensamiento: «Y cuando os lleven y os entreguen, no os preocupéis de antemano por lo que vais a decir, sino que lo que os sea dado en aquella hora, eso hablad; porque no sois vosotros los que habláis, sino el Espíritu Santo» (Marcos 13:11).

Garlock sintió una valentía extraña. Él dio un gran suspiro y empezó a hablar. De sus labios comenzaron a fluir palabras que él no podía entender. Entonces vio que los nativos se inclinaban hacia adelante, cautivados. Él vio que sus palabras —sean cuales hayan sido— tuvieron un efecto conmovedor en aquellos que estaban escuchando. Él entendió, y de esto no había ninguna duda, que él estaba hablando a los pahns en su propio idioma.

Por 20 minutos, Garlock habló a los pahns. Entonces, así como su habla con poder vino, así se desvaneció, y sabiendo que había llegado al final de su discurso, se sentó.

Hubo un momento de espera, mientras el jefe y el brujo se ponían de acuerdo. Entonces, con amabilidad, el brujo dio la orden de traer un gallo blanco. Con un chasquido, el brujo retorció el cuello del gallo; y roció algo de la sangre en las frentes de Garlock y del prisionero. Luego Garlock interpretó que esto significaba que el gallo había tomado su lugar: la sangre necesitaba ser rociada, pero algo que él había dicho mientras hablaba en el Espíritu había convencido a estas personas de que él y el prisionero deberían ser liberados.

Unos minutos después, Garlock y el hombre capturado estaban caminando a través de la jungla dirigiéndose al campamento en donde estaba la misión. El jefe incluso había provisto dos de sus hombres para guiarles en la primera parte del viaje. Con el tiempo, los pahns dejaron sus actos de canibalismo y se convirtieron al cristianismo. Garlock está seguro de que la clave para que esta tribu se convirtiera fue lo que dijo cuando se puso de pie, y bajo un torrente de luz —la luz de la luna—, les habló mediante el poder del Espíritu un lenguaje del cual él no entendía ni una sola palabra.

En ese momento puse mi trabajo en pausa, y traté de mirar objetivamente el estado de mi investigación. ¿Estaba realmente llegando a algún lugar? Había multitud de casos disponibles que sugerían varias respuestas, pero ¿no había un defecto inherente en el método de análisis de los casos?

Luego me pregunté: ¿Cuál es el origen de todas estas historias? Las había recopilado de las cartas que me habían enviado personas que habían hablado en lenguas; y de artículos publicados por quienes habían hablado en lenguas; y de entrevistas con personas que habían hablado en lenguas. En otras palabras, estuve dependiendo de testigos prejuiciados. Necesariamente, todas las historias que había recolectado provinieron de personas que no eran observadores objetivos, sino más bien lo contrario: eran participantes profundamente involucrados, y con algo personal, cosa que ponía a las conclusiones en entredicho.

Por meses había estado haciendo grabaciones de gente hablando en lenguas. Si un grupo de expertos en idiomas — ajenos a todo esto— las oyeran, y al menos uno de ellos reconociera algún idioma, entonces las cosas serían distintas. Podría hacer un estudio de los antecedentes lingüísticos del emisor, y de esta manera sentiría que la investigación está basada en algo sólido.

Tres semanas después, conocí a David Scott, editor de libros religiosos de McGraw-Hill, y seis lingüistas en una cena privada en un club de profesores de la Universidad de Columbia. Tres de los lingüistas fueron parte del profesorado en la Universidad de Columbia, dos de ellos fueron profesores en la Seminario Teológico Unión (Nueva York) y uno del Seminario Teológico General.[11] Había dos especialistas en lenguajes modernos, tres en lenguajes antiguos y un experto en la estructura del lenguaje.

Yo estaba interesado en conocer sus reacciones ante nuestro experimento. Y estos fueron extremadamente atentos y escépticos, sin ser hostiles. Cuando puse la primera grabación, cada uno de estos hombres se inclinó hacia adelante, esforzándose por captar cada sílaba. Algunos tomaron notas. Pero en ningún momento vi que la cara de alguno se iluminara por haber reconocido algo. Por casi una hora estuvimos escuchando las grabaciones de aquellos que hablaban «en el Espíritu». Y cuando finalmente llegamos al final, miré a mi alrededor y pregunté, «¿y bien?».

Las seis cabezas se sacudieron en señal de negación. Ninguno escuchó un lenguaje que podría ser identificado.

Sin embargo, hubo algunas observaciones interesantes durante el trayecto. Uno de los lingüistas reportó que, aunque no había identificado palabras, él pensaba que una oración había estado estructurada casi en su totalidad en la misma manera que un poema moderno está estructurado. «La poesía moderna depende del sonido tanto como del significado verbal para transmitir su mensaje», dijo él. «En esa oración,

---

[11] El General Theological Seminary está afiliado a la Iglesia episcopal, fue fundado en 1817 y está establecido en la ciudad de Nueva York.

pienso que, aunque no pude entender el sentido literal de las palabras, pude captar el contenido emocional de lo que ella estaba diciendo. Era como un himno de amor. Hermoso». También fue interesante que, aunque ningún lenguaje que estos hombres conocieran fue identificado, ellos con frecuencia identificaron *patrones* de lenguaje en las grabaciones. La «forma» de un lenguaje real, la variedad de combinaciones de sonidos, la infrecuencia de repeticiones, etc., es virtualmente imposible reproducirse, dijeron ellos, mediante un esfuerzo deliberado. Al recordar la parodia de Dina Donohue sobre el hablar en lenguas, había incluido en las grabaciones dos ejemplos de pura jerga inventada, una de nuestro hijo Scott y otra de Tib. Ellos trataron de escucharse tanto como fuera posible como las lenguas del resto de las grabaciones, pero los lingüistas descubrieron el engaño de inmediato.

«Ese no es un lenguaje», dijo uno de ellos. «Eso es solo ruido».

Mientras ellos se levantaban para irse, uno de los profesores sacó a colación que la Academia Francesa de la Lengua había estimado que había vivos al menos 2,800 lenguajes y dialectos en el mundo (sin considerar aquellos que habían aparecido en la tierra y se habían extinguido). «Y la Academia misma admitió que esa lista está lejos de estar completa», agregó. «Entre nosotros, aquí en este cuarto hablamos solo una pequeña fracción de todo este universo. Aun si hubiese lenguajes reales en estas grabaciones, la probabilidad en contra de que nosotros podamos reconocerlos es enorme».

Aunque no se lo dijimos a estos eruditos, sabemos cuál es el punto de vista de los pentecostales: que los lenguajes tanto vivos como obsoletos de la tierra fueron solo el inicio. Operando en el mundo más allá de lo mortal, los pentecostales creen que una lengua puede tener sus orígenes en las esferas celestiales. Siempre había leído las palabras del apóstol Pablo en el inicio del capítulo 13 de 1 Corintios: «Si yo hablase lenguas humanas y angélicas...» en un sentido poético. Sin embargo, considerando el contexto del capítulo anterior y del siguiente, no hay duda en mi mente de que Pablo estaba hablando en un sentido específicamente pentecostal, y las lenguas angelicales es una variedad de estas lenguas.

No obstante, el resultado neto del experimento fue negativo. Fueron tomados 40 ejemplos de lenguas para el examen de los expertos en lenguajes, y ninguno de ellos había sido reconocido por ellos. Mi intento de descubrir si se hablaba o no un idioma real no pareció llevarme a una conclusión clara, por lo que decidí dirigir mi atención en otras direcciones.

Extrañamente, el argumento más fuerte a favor de las lenguas provenía de los que las hablaban. Un día conversé con el Dr. Howard Ervin —un ministro bautista de Atlantic Highlands, Nueva Jersey, y un creyente ferviente del valor de las lenguas—, sobre mi intento de aislar el asunto lingüístico a las lenguas.

«¿Estás seguro de que no estas cometiendo un error básico al hacer eso?», preguntó el Dr. Ervin.

«Posiblemente. No se me ocurren respuestas».

«Pienso que el error está en divorciar las lenguas del todo esencial del que forman parte», dijo el Dr. Ervin. Y agregó:

> Permíteme contarte una historia corta. Yo soy aficionado a la arquitectura religiosa. Un día, cuando iba manejando, encontré una pequeña capilla de exquisita arquitectura gótica. Detuve el auto y bajé para admirarla. Pero sucedió que esta pequeña iglesia tenía una brillante entrada, una puerta roja. Mis ojos intentaron seguir las líneas continuas hasta lo alto de edificio, tal como sucede en la arquitectura gótica, pero cada vez retrocedían bruscamente e iban a dar a esa puerta roja. Y esto era tan extravagante, que me impedía enfocarme en la imagen entera.
>
> Las lenguas, John, son como esa puerta. En tanto tu permanezcas afuera, tu atención permanecerá fascinada ahí y no serás capaz de ver nada más. Sin embargo, una vez que te introduces, estarás rodeado de luces y sonido, de todas las maravillas que el arquitecto hubo diseñado. Ves alrededor y esa puerta incluso no es roja en el interior. Está ahí, y está ahí para usarse, pero esta ha tomado su lugar en el diseño de todo el edificio.

Esta es mi esperanza respecto a ti, John. Creo que es el tiempo en que camines a través de esa puerta. Si tú realmente quieres darte cuenta de lo que significa la experiencia pentecostal, no te concentres en las lenguas, sino da el paso a través de la puerta y conoce al Espíritu Santo.

CAPÍTULO X

El bautismo en el Espíritu Santo

El siguiente domingo le dije a un amigo del relato del Dr. Ervin, el de la puerta roja. Él sonrió, aunque con un poco de tristeza. «Bueno, cuando te encuentres con el Espíritu Santo», dijo él, «por favor, introdúceme. Nunca he tenido una idea clara de Él».

Él no era el único. Recuerdo un domingo, cuando era un niño que crecía en Louisville, Kentucky, escuché un sermón sobre el Espíritu Santo. Esta fue la única vez que lo escuché mencionar desde el púlpito; y en esa ocasión, lo único que yo recuerdo es que mi hermana y yo dibujamos formas fantasmales[12] en el boletín de la iglesia, y un ujier nos miró y nos frunció el ceño.

Pero, ¿estaba mejor informado ahora? ¿Era todavía el Espíritu Santo una sombra? Un aspecto de Dios, el tercer miembro de la Trinidad, un concepto que reconoces cada domingo en el Credo, pero un fantasma [*ghost*] al mismo tiempo, como si Él fuera el monótono remanente de alguien quien, en algún tiempo, fue muy real en la vida de la Iglesia, pero que ahora era un poco más que tan solo una memoria.

Sabía que el pronombre personal era correcto al referirme a Él: la palabra correcta era *Él* y no *esto*. Sin embargo, no actuaba como si lo creyera. Cerca del hospital que está en nuestro vecindario en Mount Kisco hay un semáforo. Si necesito cruzar esa calle y entrar urgentemente al hospital podría apelar con vehemencia al semáforo, pero no

---

[12] Lo de «formas fantasmales» está relacionado con la forma en que se escribe en la version King James Espíritu Santo: *Holy Ghost*. Una traducción literal de esto sería: «Fantasma Santo».

podré cambiar su programación, ¡ni siquiera un segundo más rápido! Y si tuviera facultad y supiera cómo ajustarlo, esto solo sería posible cuando la maquinaria dentro de este completara un ciclo completo. Sin embargo, si un policía anda por ahí, este podría apagar el semáforo y dirigir él mismo el tráfico. Si él estuviera ahí al tener una urgencia, sin dudar interrumpiría el cauce normal del tráfico, rompería el patrón y haría una excepción. En mis oraciones, cuando el nombre del Espíritu Santo era invocado, noté que Él llenaba más la función del semáforo que la del policía de tráfico.

El Dr. Ervin me había sugerido que diera el paso a través de la puerta roja y conociera al Espíritu Santo. No obstante, antes de considerar hacer esto, quería obtener algo más de información de esta Persona que había sido invitado a conocer. Así que, de nuevo, fui a la concordancia y a la Biblia, y me puse a buscar.

Algunos años atrás había tenido una entrevista con Robert Frost. El poeta dibujó una imagen que quedó grabada en mi mente con particular viveza mientras emprendí mi búsqueda.

«Si quieres saber cuál es su caminar con Dios», dijo él, «no preguntes por su credo, más bien, observa su vida. Es como una moneda escondida bajo un pedazo de papel. No puedes ver cuál es su valor directamente, pero lo descubrirás si rayas con un lápiz el papel que está sobre ella. Así, al subir y bajar todos los relieves, la respuesta surgirá».

Mi esperanza era usar esta técnica con el Espíritu Santo. No quería descubrir quién era Él leyendo los credos, sino al observarlo en acción en la Biblia. Tal vez, al examinar las colinas y los valles del relieve finalmente alcanzaría a ver una imagen de Él.

Pensé que las referencias al Espíritu solo estarían en el Nuevo Testamento, pero, para mi sorpresa, esto no era así. Es verdad que las palabras exactas Espíritu Santo solo aparecen tres veces en el Antiguo Testamento; sin embargo, el concepto evolutivo del Espíritu se remonta al Génesis.

Una de las primeras cosas que noté fue que la confusión de si el Espíritu era más una fuerza inanimada o más una persona se remonta directamente al comienzo del pensamiento bíblico sobre el tema. La raíz de la palabra hebrea que se traduce como *espíritu* es *ruäh*, y esta palabra tiene dos distintos significados. Una es *viento*, y la otra es *aliento*. Una es una fuerza impersonal; pero la otra es mucho más íntima, asumiendo conciencia y conocimiento, pues tú no puedes tener aliento sin tener a alguien que respira.

Con todo, la cualidad básica de ambos significados es el movimiento. *Ruäh* siempre implica acción. Se mueve. Afecta a todo con lo que tenga contacto.

Otro concepto inherente en el uso antiguo de esta palabra es *creatividad*. *Ruäh* estuvo íntimamente asociada con el nacimiento. Fue el Espíritu de Dios que se movía sobre la faz de las aguas en la creación. Fue el aliento de vida soplado en las fosas nasales del hombre, que lo hizo un alma viviente.

En los siguientes libros del Antiguo Testamento, el Espíritu es descrito como jugando un papel especial en las vidas de ciertos individuos. El advenimiento del Espíritu a un ser humano usualmente está acompañado de un abrupto cambio de personalidad. Samuel dijo a Saúl que el Espíritu de Jehová vendría poderosamente sobre él, y que después de esto sería mudado en otro hombre. Y, de hecho, el joven Saúl pertenecía a la familia más pequeña de la tribu más pequeña de Israel (1 Samuel 9:21), pero luego fue transformado en uno de los líderes del Antiguo Testamento.

El Espíritu habitualmente hacía héroes a hombres ordinarios. Fue el Espíritu de Jehová el que daba su fuerza a Sansón. El Espíritu de Dios vino sobre Josué, justo antes de que se tocara la trompeta señalando la caída de Jericó. David consideró que era el Espíritu de Dios quien hablaba a través de él. La lista de hombres que fueron tocados por el Espíritu constituye la lista de los grandes de Dios: José, Moisés, Josué, Jefté, Natán, Gad, Ezequiel, Daniel, Joel, Oseas, Amós, Abdías, Jonás, Miqueas, Nahum, Habacuc, Hageo, Malaquías, entre muchos otros.

Pero hay otro aspecto del Espíritu de Dios al venir al ser humano. En los salmos 51 y 139 el Espíritu visita al poeta, no como una fuente de fuerza para la ejecución de actos portentosos, sino como una Presencia íntima, sutil; una dirección, no de ejércitos sino del alma del hombre: «Crea en mí, oh Dios, un corazón limpio, Y renueva un espíritu recto dentro de mí. No me eches de delante de ti, Y no quites de mí tu santo Espíritu» (Salmos 51:10-11). Y También: «Oh Jehová, tú me has examinado y conocido. Detrás y delante me rodeaste, Y sobre mí pusiste tu mano. ¿A dónde me iré de tu Espíritu? ¿Y a dónde huiré de tu presencia?» (Salmos 139; 1, 5, 7).

En estas líneas hay un sentido de la inmanencia de Dios, lo cual es bastante diferente a la adoración de temor de un Dios [que parece] distante e inaccesible.

El paralelo con el pensamiento cristiano es ineludible y, de hecho, esta fue la siguiente observación que hice. En aquellos pasajes del Antiguo Testamento en los que los cristianos ven una sombra de Cristo, el Espíritu figura prominentemente. El más impactante de estos pasajes es una profecía de Isaías: «Y brotará un retoño del trono de Isaí, y un vástago de sus raíces dará fruto. Y reposará sobre Él el Espíritu del SEÑOR, espíritu de sabiduría y de inteligencia, espíritu de consejo y de poder, espíritu de conocimiento y de temor del SEÑOR (Isaías 11:1-2, LBLA)

«mi escogido, *en quien* mi alma se complace. He puesto mi Espíritu sobre Él; Él traerá justicia a las naciones» (Isaías 42:1, LBLA).

Si esto es verdad, debería esperar encontrar un aluvión de referencias al Espíritu en los tiempos del nacimiento de Jesús. Y sí, ahí estaban. Jesús mismo fue concebido por el Espíritu Santo. A Simeón el Espíritu le prometió que no moriría sin ver al Mesías. Juan el Bautista, el principal actor en el drama del reconocimiento del advenimiento de Cristo estuvo asociado con el Espíritu Santo desde el principio. La madre de Juan fue llena con el Espíritu cuando María la saludó. El padre de Juan recibió el Espíritu el día que le pusieron nombre al bebé. Juan mismo fue lleno con el Espíritu Santo antes su nacimiento. Además, hubo una señal específica por la cual Juan habría de identificar a Cristo cuando lo viera: sobre aquel que él viera al Espíritu descender, esa persona sería el Hijo de Dios.

El ministerio terrenal de Cristo no comenzó hasta que el Espíritu le fuera dado en el bautismo. Fue mediante el poder del Espíritu que Jesús efectuó sus milagros, y fue a través de este poder que la gente entraría al Reino del que Él predicó. «En verdad, en verdad te digo que el que no nace de agua y del Espíritu no puede entrar en el reino de Dios» (Juan 3:5).

En tanto se aproximaba el día de su muerte, Jesús comenzó a preparar a los discípulos para el advenimiento de este poder diciéndoles que era conveniente para ellos que Él se fuera, pues de otra manera el Espíritu no vendría. Pero que cuando el Espíritu viniera, Él estaría con ellos por siempre. Él los guiaría y los enseñaría y los fortalecería, y en Su poder, ellos harían grandes obras, incluso mayores a las que Cristo hizo.

Después de su muerte, Jesús recordó a los discípulos sobre esta promesa y les mandó que permanecieran en Jerusalén hasta que el Espíritu viniera sobre ellos. En este punto pausé mi lectura y traté de resumir lo que había descubierto del Espíritu:

1) Tanto en el Antiguo como en el Nuevo Testamento el Espíritu se presenta en una connotación de acción. Palabras que sugieren movimiento: fuego, viento, aliento, lluvia, paloma, todas estas palabras se refieren a Él. El Espíritu es dinámico: Él es Dios en acción.

2) En el Antiguo Testamento hay referencias al Espíritu como un Dios personal; sin embargo, en el Nuevo Testamento este aspecto de Él es enfatizado. Cristo está constantemente dando nombre al Espíritu que describen su naturaleza de pastoreo, crianza y cuidado. Él lo llama Consolador, Confortador, Abogado.

3) Tanto en el Antiguo como en el Nuevo Testamento el concepto de poder está íntimamente ligado al Espíritu. En el Antiguo Testamente el poder opera principalmente a través de reyes y profetas que lideran la nación. En el Nuevo Testamento el poder es ahora otorgado a gente ordinaria que sigue a Cristo.

4) En ambos Testamentos, cuando el Espíritu toca la vida humana la personalidad es transformada.

Este fue el retrato que emergió de las colinas y valles de la actividad del Espíritu. Los discípulos esperaron en Jerusalén el advenimiento de este Espíritu. Y cuando en el Pentecostés Él vino, Él transformó esta tímida bandada de discípulos (palabra que significa literalmente «aprendices») en apóstoles («los que son enviados»). Los hombres y mujeres que esperaron en el aposento alto emprendieron de inmediato una serie sorprendente de actos llenos de poder. Ese mismo día, Pedro —el mismo que había huido por su vida la noche del arresto de Jesús hacia unas cuantas semanas— se paró valientemente ante el oído abierto de las autoridades y predicó un sermón tan elocuente y convincente que 3,000 personas se convirtieron al instante. ¡Pedro, un pescador proveniente de la despreciada Galilea! No era sorprendente por qué, después de esto, los apóstoles insistieran en que los nuevos convertidos recibieran también este poder. Esta era la herramienta necesaria sin la cual ellos no podrían llevar a cabo la tremenda tarea que Cristo les había encomendado.

¿Qué era lo que ellos sentían al recibir el Espíritu Santo? No hay descripciones en la Biblia, sin embargo, con lo que he dicho ya podemos completar el cuadro.

En primer lugar, si el Espíritu Santo es Dios en su aspecto dinámico, conocerlo necesariamente tiene que ser una *experiencia*. Asimismo, sería la experiencia de una Personalidad, y de alguien quien tiene mucho cuidado [de nosotros]. Sería la experiencia de amistad. Una amistad creativa, transformadora, en ciertos aspectos, tan frágil como una paloma, y en otras, abrazador como el fuego, como todos los buenos compañerismos, es elusivo y misterioso.

La palabra *bautismo* es solo una de las palabras usadas en la Biblia para describir el momento cuando una persona tiene contacto pleno con esta amistad. Los otros términos refuerzan también la idea de que el Espíritu es Dios en acción. Algunas veces, leo que el Espíritu «cayó» sobre la gente. En otras ocasiones, ellos fueron «llenos» con el Espíritu. En otras, ellos «recibieron» el Espíritu. Se dice que el Espíritu «procede de» Dios.

Había una cualidad en la experiencia que producía dos respuestas. En primer lugar, había lenguas. Y entonces, en Pentecostés, sea como haya sido exactamente, los discípulos estuvieron un tanto alborotados, lo suficiente como para que la gente que los observaba preguntara si estaban ebrios. Me pareció bastante contrastante con los púlpitos sobrios de hoy; y un tanto curioso: que en el primer sermón cristiano el predicador comenzara con una rotunda negación de que él y sus amigos estuviesen ebrios. ¿Por qué Pedro dijo: «estos no están ebrios, puesto que son las 9 de la mañana»?

¿Cómo era que la gente del NT tenía esta experiencia? Parecía haber varios caminos. En el Pentecostés los discípulos simplemente se reunían y esperaban expectantemente. Pero con Cornelio y sus amigos y familiares fue distinto: al escuchar a Pedro predicar a Cristo y sin estar esperando nada, cayó sobre ellos el Espíritu. En otros casos una persona que ya había sido llena del Espíritu imponía manos sobre ellos y les «pasaba» el Espíritu.

Cerré mi Biblia, y al hacerlo sentí que lo que estaba leyendo tenía un aire extrañamente contemporáneo. Sabía de dónde provenía ese sentimiento: las cartas y las entrevistas que había tenido con los que habían sido llenos del Espíritu; todos ellos mostraban que la manera en que el Espíritu opera había cambiado poco desde que el NT fue escrito. Incluso la manera en la cual Él descendía sobre aquellos cristianos del siglo primero tenía paralelos con los de hoy.

Recordé un ejemplo reciente en donde un grupo de gente, al estar escuchando la Palabra de Dios —tal como Cornelio y su familia— y sin estar esperando al Espíritu Santo (como ellos), fueron repentinamente llenos del Espíritu. En 1954 un predicador menonita, Gerald Derstine, conducía un seminario de estudio bíblico de una semana de duración en el noreste de Minnesota. Un día, sin aviso alguno, un joven en la clase repentinamente cayó sobre sus rodillas y comenzó a llorar. Luego Derstine dice:

Esta clase de emoción era muy inusual en la iglesia menonita y al principio tratamos de poner un alto a esto. Pero antes de poder hacerlo, otro estudiante estaba llorando también. Y luego otro. Tratamos de sacar a los estudiantes llorones del salón de clases, pero tan pronto logramos sacar a uno, otros dos o tres comenzaron a llorar.

Y entonces notamos algo asombroso: sonidos extraños comenzaron a salir de las bocas de algunos de estos jóvenes. ¿Era este el «tartamudeo» que habíamos leído en la Biblia?

Hasta donde yo sé, esto nunca había ocurrido antes en nuestra iglesia. Los menonitas no enseñan que estas manifestaciones son para hoy: en lo que a nosotros respecta, estas se remontan hasta hace más de 1,900 años. Sin embargo, allí, ante nuestros ojos, nuestros estudiantes de pronto comenzaron a hablar en lenguas, así como en Pentecostés.

Lila Ginter, una amiga nuestra, fue llena con el Espíritu como una niña, sin siquiera saber que tal experiencia religiosa existía. Un día Lila estaba parada en el huerto de manzanas de su padre en Ohio, mirando las nubes de flores blancas en el cielo azul, cuando repentinamente sintió una poderosa presencia de Dios. Ella abrió su boca para hablar con Él tal como lo haría un niño, pero los sonidos que emergieron de su boca no fueron en inglés, y aunque parloteó durante un buen rato, sus labios no hilvanaban ni una sola palabra que tuviera un significado que ella conociera.

«Nunca dije esta experiencia a nadie», me dijo Lila. «Pensé que era el único ser humano a quien alguna vez le haya sucedido algo semejante. No fue sino hasta 40 años más tarde que descubrí que había grupos enteros de personas para quienes este fenómeno era algo normal».

No obstante y lo dicho, es más normal que esta experiencia ocurra entre los que la buscan con insistencia. Pero hay también una variedad de maneras de buscarla, tal y como podemos observar que las hubo en la Biblia. Algunos se inspiraron en el mandato de Cristo a los discípulos: «Y he aquí, yo enviaré sobre vosotros la promesa de mi Padre; pero permaneced en la ciudad [de Jerusalén], hasta que seáis investidos con poder de lo alto» (Lucas 24: 49, LBLA). La palabra que ellos enfatizan es permaneced (o quedaos). Ellos sienten que deben esperar, algunas veces días, orando y alabando a Dios hasta que el bautismo llega.

Otros piensan que no hay necesidad de esperar. Estos otros señalan las ocasiones en el NT cuando el Espíritu fue dado tan pronto como el creyente lo pidió a Dios.

Algunos otros piensan que el candidato debe estar en una etapa de oración profunda antes de recibir el bautismo. Sin embargo, otros tienen un punto de vista opuesto: creen que el bautismo no es algo espectacular, sino algo ordinario, un paso rutinario en la vida del creyente.

Y ¿qué de las emociones? Algunos dicen que junto con las lenguas debe venir un testimonio interno, algo que dice a nuestro propio espíritu que este ha entrado en comunión con el Espíritu Santo. Otros creen que el bautismo ocurre en un nivel enteramente separado de las emociones y entre menos se manifiesten las emociones, es más confiable.

Los criterios absolutos no parecen tener mucho sentido en cuanto al bautismo en el Espíritu Santo. «Y me preocuparía si fuera de otra manera», dijo Tib una noche, cuando hablamos sobre este tema. «Si el Espíritu es como el viento, y sopla a donde quiere, sería sospechoso si estuviera regido por reglas. Sería como algo que llegó como un tornado y se convirtió en un ventilador eléctrico».

No obstante, aunque este viento del Espíritu «sopla donde quiere» (Juan 3:8) es también innegable que ciertos individuos hoy, así como en los tiempos apostólicos, tienen un ministerio especial para transmitirlo. En los primeros días del avivamiento pentecostal, J. E. Stiles viajó por el mundo para reunir pequeños grupos de cristianos, y oraba por ellos para que recibiesen el Espíritu. Literalmente miles fueron bautizados en el Espíritu en estas reuniones. David DuPlessis tiene este ministerio especial. Lo mismo ocurre con el reverendo Richard Winkler, rector de la Trinity Episcopal Church [Iglesia Episcopal la Trinidad] en Wheaton, Illinois.

Una de las personas más activas que conocemos en este ministerio es una mujer: Jean Stone. Ella es una ama de casa y madre en un suburbio de Van Nuys, California. Era miembro de la St. Mark's Episcopal Church [Iglesia Episcopal San Marcos] en Van Nuys en el momento del revuelo por el sermón de Dennis Bennett. Jean pensó que el mal entendido nunca habría ocurrido si la gente estuviera mejor informada del mover del Espíritu en esta era moderna. Una noche ella comunicó a su marido que había decidido comenzar una revista trimestral que tuviera esta función, y que la difundiría en otras parroquias.

«Yo solo sonreí con conocimiento de causa», dijo Donald, el esposo de Jean. «Jean no sabe ni cómo suscribirse a una revista, mucho menos comenzar una». Donald Stone y yo estuvimos hablando en el cuarto del hotel a donde él había llegado por razón de sus negocios.

«Su idea era completamente impráctica», continuó. «Quería una revista trimestral sofisticada y elegante que estuviera dirigida a los intelectuales. Ella quería llamarla *Trinidad*». Luego, Donald rio un poco y sacó de su maleta una revista trimestral, elegante y sofisticada —dirigida a los intelectuales— titulada *Revista Trinidad*.

Además de la publicación de la revista, Jean viaja por todo el país dando conferencias sobre el bautismo en el Espíritu Santo y, cuando le es solicitado, ora por aquellos que desean recibirlo. Su ministerio tiene un enfoque especial para quienes la revista es editada: gente educada, conservadora y perteneciente a la iglesia denominacional que habita los segmentos suburbanos de la población.

Ella dice: «estas personas no enfocan las demás áreas de sus vidas de manera emotiva y demostrativa, por lo que no veo por qué el Espíritu Santo debería serles presentado de esa manera».

La hemos oído hablar, y su presentación es muy prudente y quieta. «Los apóstoles daban por hecho que todos los cristianos recibirían el bautismo», dice ella a los oyentes. «por ello preguntaban a los nuevos convertidos, "¿recibisteis el Espíritu Santo cuando creísteis?". Así, si la respuesta era negativa, en ese mismo momento ellos suplicaban a Dios que se los diera, seguros de que Él no negaría este poder tan necesario a ningún creyente».

«Me gusta servir en este ministerio», dice ella con frecuencia. «Es el único en donde tú puedes esperar un ciento por ciento de éxito. El bautismo es para toda la Iglesia. Para todos los cristianos».

Ella no espera un gran ataque de emoción en el momento del bautismo. «Las nuevas lenguas llegan usualmente de forma quieta y amorosa», dice ella, «con gozo más no con frenesí». Para Jean Stone, recibir el bautismo es más como obtener un set de herramientas con las cuales hacer un trabajo más que una experiencia emocional. «Es una transacción entre el arquitecto y su obrero. "¿Deseas trabajar en este mi edificio? Bien, aquí tienes las herramientas que necesitarás". Entonces Él nos dota con dones de sanidades, profecía, sabiduría, lenguas, lo que sea que podamos usar para laborar en esa sección particular de la construcción».

Sin embargo, el bautismo no siempre es tan tranquilo. El Dr. John F. Barton, un dentista en el West Hartford, Connecticut, me dijo que en su bautismo él sintió como una descarga masiva de electricidad; algo indoloro, pero estimulante. Algunas veces estas descargas de poder producen manifestaciones físicas. Los músculos de una persona pueden reaccionar flexionándose y relajándose hasta que todo su cuerpo empieza a temblar. O bien, uno puede comenzar a llorar o a cantar. También uno puede literalmente caer postrado. Debido a este último tipo de manifestaciones es que los Holy Rollers [los santos rodantes] recibieron su nombre. Estos eran pentecostales en su mayoría de raza negra [cuyos servicios eran vistos como un caos de emociones: contorsiones corporales, saltos, etc.].

Las reacciones físicas tienen defensores incluso en lugares inesperados. Hablando de los gritos, convulsiones, bailes, visiones, trances y cosas similares, me sorprendió leer esto en la revista *John Wesley*:

> El peligro era considerar estas cosas como de poco valor; condenarlas completamente, decir que no tienen nada de Dios y son un obstáculo para su obra. Mientras que la verdad es esta:
>
> (1) Dios convenció repentina y fuertemente a muchos de que eran pecadores perdidos, y sus reacciones naturales fueron clamores repentinos y fuertes convulsiones corporales.
>
> (2) Para fortalecer y animar a los creyentes, y para hacer más evidente su obra, Él favoreció a varios de ellos con sueños divinos, y a otros con trances y visiones.

(3) En algunos de estos casos, después de algún tiempo, la naturaleza se mezcló con la gracia.

(4) Satanás asimismo imitó este trabajo de Dios a fin de desacreditarlo todo; así que no es sabio desechar el todo por solo una parte. Al principio todas estas manifestaciones provenían de Dios, pero ahora solo una parte; sin embargo, Él mismo nos permitirá discernir hasta dónde es de Él, hasta donde es pura, y hasta donde se ha mezclado y degenerado. La sombra no desprestigia la sustancia, ni una falsificación al diamante real.

Las manifestaciones físicas no son las únicas posibles respuestas al bautismo. Hay también fuertes reacciones emocionales. En mi correspondencia hubo constantes referencias a una sensación de bienestar. He aquí algunos ejemplos:

- «Fue como ser inundado con gozo».
- «Comencé a alabar a Dios en el nuevo lenguaje que me había sido dado. Hubo al mismo tiempo una sensación de que mi espíritu había tomado alas. Me elevaba hacia el cielo en un poema».
- «Comencé a reír. Era una cosa extraña, pero solo quería reír y reír como cuando tú te sientes tan bien que es imposible describirlo. Puse mis manos en los costados y reí hasta doblarme. Luego paré por un momento y empecé de nuevo. Era solo reír y reír».
- «Por primera vez descubrí por mí mismo por qué los discípulos fueron acusados de estar borrachos en Pentecostés. Esa fue la manera como se sentí en mi Pentecostés: de muy buen humor. Estaba borracho de gozo».
- «En mi caso hubo paz. Una paz maravillosa, quieta, estable y profunda».

Con mucha frecuencia, junto con este sentido de bienestar, llega una forma de sanidad. Una de las personas que conocimos en el «Grupo Sabatino» en el hotel Benjamín Franklin en Filadelfia era la esposa de un ministro bautista quien tenía una sorprendente historia para contarnos. Esta dama había nacido con una pierna cinco centímetros más corta que la otra y toda su vida había calzado un zapato con plataforma en ese pie. En la noche que ella recibió su bautismo, ella sintió una sensación de ardor en su pierna más corta, pero no puso atención por el intenso gozo que ella sentía en ese momento. La alegría fue su reacción predominante en su bautismo. Ella estuvo sentada en un sofá por horas, mientras lágrimas de felicidad fluían por sus mejillas. Sin embargo, cuando finalmente ella se puso de pie para regresar a casa, tropezó. Luego dio otro paso, y ocurrió lo mismo. Después de haber tropezado y cojeado a lo largo de la habitación, ella se dio cuenta de lo que había pasado. Su pierna más corta había crecido cinco centímetros, y el zapato con la plataforma hacía que sus piernas no estuviesen iguales. La sanidad que había ocurrido fue permanente y a partir de ese sábado ella empezó a usar zapatos normales.

El doctor del reverendo David C. Wilcoz de Milwaukee, Wisconsin, le había aconsejado tomar 30 mililitros de brandy mezclado con agua caliente tres veces por día para aliviar la tensión nerviosa. Seis años después el señor Wilcox se bebía un litro de vodka por día, y metiéndose en la boca pastillas mentoladas —una tras otra—, trataba de disfrazar su alcoholismo. Había tratado varias cosas: oración, psiquiatría, hipnoterapia, Alcohólicos Anónimos, pero nada le había ayudado. Entonces, una noche, se quedó dormido sobre sus rodillas después de una larga e intensa oración. Cuando despertó supo que algo inmensamente importante había sucedido. Él sintió que el Espíritu Santo lo estaba llenando con poder, y específicamente, él supo que a partir de ese instante había superado por completo su problema con el alcohol.

«Dios maravillosa y milagrosamente me liberó del demonio del alcoholismo», dijo Wilcox hoy, cinco años después de su bautismo. «Esta liberación llegó tan quietamente como el rocío de la mañana, pero con tan estruendoso impacto, que cambió completamente mi vida».

Otra clase de sanidad que los hermanos reportaban constantemente era la sanidad del espíritu. Marianne Brown de Parkesburg, Pennsylvania, es hoy una persona verdaderamente alegre. Ella tiene una maravillosa y contagiosa sonrisa, pero las líneas alrededor de sus ojos no son líneas de sonrisa: provienen más bien de los años que Marianne pasó con una preocupación crónica y constante.

Marianne vivió en una mansión de once habitaciones construida en una época en la cual tales construcciones eran más baratas y asequibles. Se habían mudado ahí debido al pastorado de su esposo en una vieja iglesia presbiteriana que estaba al lado. Pero ahí Marianne estaba corriendo todo el tiempo: ya fuera porque tuviera que hacerse cargo de la casa o por cuidar a sus cinco hijos; por atender a su esposo o por cuidar el buen orden de la parroquia, ella siempre estaba corriendo, siempre bajo presión. Marianne estaba cada vez más desesperada. Su solución era simple: cuando las cosas iban demasiado mal, ella se tiraba en la cama.

«Aquellas enfermedades», dijo Marianne un día, cuando Tib y yo le fuimos a visitar a Parkesburg, «me traían una doble recompensa: obtenía mucha simpatía y estaba libre de responsabilidades. No obstante, sabía que esta no era la manera correcta de vivir. Sabía que Dios no quería que yo estuviese semi inválida, pero me sentía impotente».

Fue así que Marianne recibió el bautismo en el Espíritu. «Me fueron dadas las nuevas lenguas», dijo ella, «y estas llegaron entremezcladas con olas de alegría que expulsaron de mí todo temor. Eran lenguas de risa. Y cuando finalmente había terminado de reír sentí ya no estaría preocupada nunca más, que ya no sería necesario pasar un día más en cama». Esta predicción se ha cumplido ya por ocho años. «Él me colmó de fuerza y alegría, de manera que era capaz de hacer en horas lo que antes me tomaba días».

De la gran variedad de experiencias con el Espíritu Santo, una cosa se mantuvo como común denominador: ya fuese que el bautismo llegara quietamente o con una explosión, fuese inesperado o se hubiese buscado por mucho tiempo, el resultado final era que este acercaba al individuo a Cristo. Jesús ya no era un personaje en las páginas de un libro de historia. Ni siquiera un recuerdo de alguna experiencia personal en la cima de una montaña. Su Espíritu estaba con el creyente bautizado en tiempo presente, minuto a minuto, mostrándole a cada paso la naturaleza y personalidad de Cristo.

Y de repente me di cuenta de que había cerrado el círculo.

Toda esta búsqueda había comenzado en el vacío que siguió a mi propia experiencia en la cima de la montaña, aquella del hospital. Estaba siguiendo —y quizá pasa con todos los cristianos— el camino que los discípulos tomaron: primero hubo un encuentro directo y personal con Cristo. Entonces, Él pareció haberse ido. Hay un anhelo por Su regreso, y una impotencia, porque no hay nada que podamos hacer para su regreso.

¿No era la lección que había aprendido de la Biblia y de la gente que había tenido la misma experiencia hoy: que a fin de ver de nuevo a Cristo necesitamos la mediación del Espíritu Santo? «Pero cuando venga el Consolador, a quien yo os enviaré del Padre, el Espíritu de verdad, el cual procede del Padre, él dará testimonio acerca de mí» (Juan 15:26).

CAPÍTULO XI

Habitación #405

Parece que hay una extraña conexión entre dar un paso aparentemente tonto —aquel que Dios haya especificado— y recibir el poder espiritual. Moisés extendió la vara sobre el agua según el mandato de Jehová y el mar Rojo se dividió. Eliseo ordenó a la viuda arruinada que recolectara vasijas y empezara a llenarlas con aceite vertiéndolo del que tenía en un pequeño frasco; la viuda obedeció, y reunió tanta cantidad de aceite, que con su venta pagó todas sus deudas. Elías tenía que golpear las aguas con su manto para que se dividieran.

En una ocasión tuve la ocasión de hablar de este fenómeno con Billy Graham. Él había notado esto por años, y era de la opinión de que el secreto residía en que ellos vencieran su autoconciencia y voluntad propia, a fin de hacer lo que se les había ordenado. A él le parecía que, en sus reuniones, era extremadamente difícil para la mayoría de la gente salir de sus asientos, caminar al frente, y dirigirse al altar. Pero había también observado que este gesto, que parecía algo tonto, traía consigo poder.

Para muchas personas, hablar en lenguas cae en la misma categoría. Les parece a ellos algo absurdo y vergonzoso. Sin duda en estas personas, cuando finalmente se rinden, sus lenguas producen una profunda experiencia religiosa. No obstante, este no era mi caso, pues a estas alturas ya me había dado cuenta de que las lenguas tenían alguna lógica. Podía imaginarme a mí mismo alabando a Dios en un lenguaje que no podría entender; me podía imaginar orando por alguien en lenguas al no saber cómo orar por él o ella con mi propio entendimiento. En ese momento, de hecho, mi deseo por recibir el bautismo en el Espíritu Santo se había ido incrementando, y parecía ser bastante probable para mí que las lenguas serían parte de este.

Pero, en mi caso, el punto de resistencia se movía en una arena distinta. Había un acto que muchos de los pentecostales hacían, pero que yo no estaba dispuesto a hacer. Ellos se ponían de pie, alzaban sus manos al cielo y gritaban «¡Te alabo, Señor!».

Sabía que esta práctica era antigua, y que tenía sus raíces en la tradición judeo-cristiana: «Porque mejor es tu misericordia que la vida; Mis labios te alabarán. Así te bendeciré en mi vida; En tu nombre alzaré mis manos. Como de meollo y de grosura será saciada mi alma; Y con labios de júbilo te alabará mi boca» (Salmos 63: 3-5).

Sabía que la alabanza en alta voz es muy mencionada en los salmos, e incluso, la frase «alabado sea Dios» es parte de la liturgia en los ordenados servicios de mi propia iglesia episcopal.

Sin embargo, la manera en que los pentecostales la dicen era inaceptable para mí. Sin duda, cada persona traza su límite en algún punto...

Llegó el 2 de diciembre de 1960. Era la fecha de la apertura de la convención de la Full Gospel Business Men's Fellowship International [Comunidad Internacional de Hombres de Negocios del Evangelio Completo] en Atlantic City a la cual Tib y yo habíamos aceptado ir desde el verano, hacía varios meses. Las reuniones se llevaron a cabo en The President, uno de los hoteles con vista al mar más grandes de la ciudad. Nos registramos el viernes, luego fuimos a caminar por la playa fría, iluminada por la luna, y nos acostamos temprano.

Por alguna razón, me sentí poco preparado para las emociones que se presentarían en la reunión matutina. Para ese entonces ya había estado en muchas reuniones de pentecostales, pero nunca en una tan grande.

Ese día, muy temprano por la mañana, varios cientos de hombres y mujeres se aglomeraron en el gran salón de baile de The President. Comieron rápidamente, y luego empujaron sus sillas para atrás anticipando lo que seguía.

En la plataforma, al final de salón, estaban sentados dos docenas de hombres de negocios y profesionales. Me había sido dicho que algunos de ellos volaron de otros puntos del país para asistir a las reuniones; uno de ellos había viajado en su propio avión privado.

Mientras estábamos terminando nuestro café, uno de esos hombres se puso en pie y gritó el nombre de una canción; y todos se unieron, fuerte, vigorosa y maravillosamente, como lo había visto antes entre los pentecostales. A la mitad de la segunda canción, una mujer en la mesa contigua estaba llorando. No había nada especialmente emotivo de la canción en sí; era tan solo uno de los himnos regulares del himnario: *When I Survey the Wondrous Cross* [Cuando contemplo la maravillosa cruz]. Pero el llanto parece ser tan contagioso como la risa. Pronto algunos de los hombres que estaban en la plataforma empezaron a sacar sus pañuelos sin reparos. ¿Qué era eso? Yo también lo sentí; y Tib, quien estaba sentada junto a mí. Ambos evitábamos cuidadosamente mirarnos a los ojos.

Al continuar la música, varias personas en la mesa empezaron a cantar «en el Espíritu». Pronto todo el recinto estaba cantando una complicada armonía sin partitura, creada espontáneamente. Era extraña, pero extraordinariamente hermosa. El líder de alabanza ya no estaba tratando de dirigir la música, sino dejaba que las melodías se crearan ahí mismo; y sin que nadie lo pidiera, una cuarta parte de la sala comenzó de repente a cantar en alta voz, mientras que los demás la disminuyeron. Las armonías y contra armonías se entrelazaban.

En este punto, las lágrimas fluían sin cesar en todos los que estábamos en el salón. Un anciano de rostro inexpresivo que estaba cerca de nosotros levantó sus manos callosas y cantó, «¡Te alabo, Señor!». Una mujer mayor que estaba dos mesas más allá se levantó y empezó a bailar un poco. Ella parecía una bisabuela, vestida de negro con un moño blanco en el pelo. Nadie le puso la más mínima atención. Excepto yo, claro está. No podía retirar mis ojos de ella. Y mientras la miraba, ocurrió un fenómeno que hasta hoy no puedo explicar. Hacía mucho calor dentro del salón, quizá 30 grados. Sin embargo, mientras la abuelita bailaba, vi claramente —contrastando con el terciopelo oscuro de las cortinas del cuarto—, suaves vahos que salían de su boca como si ella estuviera parada afuera, en el frío.

El efecto que tuvo en mí mirar estas manifestaciones es difícil de describir. Lejos de sentirme incómodo, o sentir que estaba mirando algo impropio, tuve la sensación en conjunto que esto era sano y bueno, y recordé lo que dijo el Dr. Van Dusen, que las exuberancias pentecostales eran «saludables en última instancia».

Y de pronto, todo se terminó. Los cánticos cesaron; el ambiente de la reunión dio un giro. La gente sacó sus pañuelos y secó sus ojos. Un ganadero californiano llamado Demos Shakarian, quien es el presidente de la fraternidad, se aproximó al centro de la plataforma y condujo la parte de negocios de la reunión. Él terminó en cinco minutos, y yo, como veterano cansado de muchos informes de tesorería, me sentí muy agradecido por su brevedad.

Siguió una oración. El «desayuno» se prolongó por cuatro horas. Hubo una predicación y más cánticos. Hubo un período durante el cual los asistentes podían dar testimonio de sus experiencias con el Espíritu Santo. Noté que varios de la audiencia, cuando se introdujeron a sí mismos, confirmaron lo que Charles Maurice nos había dicho: que había otros en el salón cuya denominación no era pentecostal; había episcopales, metodistas, bautistas, presbiterianos, luteranos, etc. Cuando finalmente se levantó la sesión para ir a comer, el Dr. William Reed, un cirujano y lector laico episcopal, a quien conocíamos desde hace algunos años, vino hacia nosotros y nos preguntó si deseábamos unirnos a un grupo al que le estaban enviando sándwiches, en una de las habitaciones de más arriba. El cuarto que habían elegido —y que se convirtió en un cuarto especialmente importante para mí— fue el cuarto número 405.

La puerta del cuarto 405 estaba ligeramente abierta cuando llegamos 15 minutos más tarde, así que toqué la puerta y entré mientras me preguntaba quién estaría ahí. Sentado con la silla dando la espalda al Océano Atlántico (con sus olas majestuosas) estaba Jim Brown, un ministro presbiteriano de Pensilvania. Bill Reed estaba sentado en el sofá, hablando con un ministro metodista de Filadelfia, Olivia Henry. En la cocina, preparando un café, estaba una trabadora social Episcopal, Dorothy Randall, y también la esposa de Jim, Marianne. Según noté no había ningún pentecostal entre nosotros.

Tib se sentó al lado de Jim, dando también la espalda al Atlántico. La conversación se centró en lo sucedido esa mañana, las personas que hablaron y los puntos de vista que expresaron. Pasaron varios minutos antes de que notara que Tib no estaba involucrada en la conversación.

Nos enviaron unos sándwiches del restaurante y la conversación se tornó más sobre temas personales: sobre las necesidades y esperanzas que cada uno de nosotros había traído consigo a la convención. De cuando en cuando le echaba un ojo a Tib. Ella estaba retraída y en silencio, sin tocar el sándwich que tenía en el plato. Ella no me había dicho que se sintiera mal aquella mañana, pero ahora su postura denotaba cansancio, como si llevase sola alguna gran carga sobre sus hombros. De pronto, se puso de pie; murmuró algo de hacer una llamada, y antes de que pudiera detenerla, se había ido.

Había algo muy extraño en todo esto. Tib y yo nos parecíamos en varios aspectos, pero más en algo en especial: ambos éramos muy objetivos. Estábamos ahí, permanecíamos ahí, y éramos objetivos y honestos respecto a lo que podíamos observar. Creíamos que al mirar la escena desde muchos ángulos tendríamos más posibilidades de ver la escena entera. Pero la objetividad también tenía otra función: era como un escudo. Por naturaleza no éramos quienes nos involucráramos, ni tampoco éramos verdaderos creyentes. No nos gustaba ser identificados con un grupo; y al mismo tiempo, por profesión y por instinto, nos interesaba observar el entusiasmo, pero en los demás. Con tal de preservar nuestro espíritu de objetividad, permanecíamos siempre como observadores, interesados, pero nunca como participantes comprometidos, y nuestra objetividad nos defendía de las presiones de unirnos a todo grupo sobre el cual escribíamos.

Hice una gran excepción a esta regla cuando me convertí en cristiano, y con esta excepción descubrí una falla en el principio de objetividad. Antes de asumir mi propio compromiso, pensé que debía ver el cristianismo desde tantas perspectivas como fuese posible, para así obtener una visión precisa. Lo que no entendía era que esta objetividad era en sí misma un obstáculo para ver el cuadro entero, ya que esto no tomaba en cuenta un punto esencial: la visión desde adentro.

Por muchos meses había estado viendo el bautismo en el Espíritu Santo desde tantos ángulos fuera posible, pero todos desde afuera. Con mi intelecto había decidido lo que debería ser una experiencia cristiana válida. Ahora quería explorarla desde adentro. Tib había seguido de cerca la mayoría de las investigaciones y entrevistas. Ella estaba interesada en el asunto, pero tan solo en calidad de observadora. Ahora creo que cuando salió del cuarto 405 sabía lo que estaba haciendo. Ella deliberadamente llevaba consigo nuestra carga de objetividad. Con su acción, ella me estaba permitiendo adentrarme en la experiencia, sacando consigo lo que pudiese ser un obstáculo para mí.

Claro, en ese momento no estaba apercibido de ese pensamiento. Dudé que ella tuviese alguna llamada telefónica que hacer; sabía que algo estaba pasando en ella, y también sentí que no quería que la siguiera. De una manera misteriosa ella jugó un rol tremendo en el evento que siguió, pues se llevó consigo nuestra apreciada «mirada de forasteros», y yo estuve libre para participar en el shock y la sacudida que luego vendría. Y aunque abandonó la habitación, no me dejó, porque estuvimos misteriosamente unidos durante las horas siguientes. Cuando Tib salió del cuarto 405, ella salió a caminar por la bahía. Luego, ella dio unos pasos hacia la arena y caminó hasta la orilla del agua marítima. Caminó por mucho, pero mucho tiempo. El sol se iba ocultando en el cielo invernal, y como Tib iba mirando hacia el sur, sus ojos empezaron a molestarse por ello. Ella siempre fue muy sensible a la luz, siempre elegía los asientos que no daban a las ventanas, por ejemplo, así es que empezó a girarse hacia el norte para darle la espalda al sol; sin embargo, una frase apareció en su mente con la fuerza de una orden: «No mires a la derecha ni a la izquierda, sino solo hacia el frente». Pero justo enfrente estaba el deslumbrante sol. Caminó un poco más con los ojos entrecerrados. Empezaba a hacerse tarde, y ella ahora estaba lejos del hotel. *La reunión en el cuarto 405 debe haberse terminado*, ella pensó, y yo debería estarla buscando. Pero cada vez que ella empezaba a darse la vuelta para emprender el regreso, esas palabras extraordinarias aparecían en su mente: «No des a la izquierda ni a la derecha; solo ve adelante». El sol estaba aún más bajo. Brillaba sobre las olas y lo miraba fijamente a los ojos. Pero aun así Tib continuó caminando hacia aquella luz cegadora...

Mientras tanto, en el 405 había cierto aire de expectativa. Ahora éramos seis y todos estábamos sentados en un círculo informal alrededor de la habitación. Algunos de los presentes habían relatado sus experiencias del poder de la oración en el Espíritu, y ahora algunos sugerían que deberíamos orar de esta manera por los problemas que pudiese haber en nuestras mentes. En aras de esforzarme por superar la autoconciencia, cerré mis ojos. De repente perdí la noción de quién estaba hablando. Alguien empezó a orar en el Espíritu. Era la voz de una mujer, pero no sabía quién era. De hecho, desde ese momento, perdí el contacto con individuos. Era como si las personalidades separadas hubieran desaparecido y un solo individuo, hablando con diferentes timbres y acentos había tomado su lugar. Las mentes parecieron estar trabajando juntas: una frase sería comenzada por uno y terminada por otro.

Ahora, alguien empezó a orar en lenguas. Otro comenzó a cantar con voz muy suave en el Espíritu. Sentí que se me cerraba la garganta, lo mismo que me había pasado abajo, en el momento cuando cantaban. Supongo que estaba llorando profundamente, pero en silencio. Lentamente comencé a perder mi propia identidad, hasta que mi conciencia de mí mismo hubo desaparecido. Esto es toda una experiencia, perder conciencia de uno mismo. Y esto, al mismo tiempo, me ayudó a ganar conciencia de que otra Presencia estaba en la habitación. Y de pronto, Él estaba ahí otra vez, en la luz que lo había visto en el Hospital. Pero esta vez la luz brilló a través de mis párpados cerrados, cegadora, vertiginosa, temible. Tenía miedo de ese contacto inminente. Traté de apartar mi mente de él, de concentrarme en la habitación material en que me encontraba y en los seres humanos que había en ella.

«No mires a la derecha o a la izquierda, sino solo al frente». La voz provino de detrás de mí. Pensé que había sido Olivia Henry, pero nunca he estado seguro de ello. Justo en el momento en que estaba a punto de refugiarme en la conciencia de mí mismo, fui atraído de nuevo al centro. Varias veces en la siguiente hora, la orden se repitió, siempre justo a tiempo para evitar que mi atención se distrajera. Nunca supe si las palabras estaban dirigidas a mí o no, pero me prestaron un servicio inconmensurable. Ellas me mantuvieron alejado de las distracciones, de lo que estaba pasado en el cuarto, de estar consciente de cómo me veía y de lo que las otras personas pensaban de mí; ellas siempre me trajeron de nuevo a la luz cegadora que estaba justo delante de mí.

Hubo una pausa entre las oraciones y los cánticos. Las voces a mi alrededor se fueron apagando hasta convertirse en solo un murmullo silencioso. La voz de un hombre se escuchó: «Creo que John quiere el bautismo en el Espíritu».

Sentí más de lo que vi; las otras cinco personas se pusieron de pie y me rodearon. Lo que pasó después se debió en gran medida al papel que Tib estuvo jugando mientras caminaba a la orilla de la playa frente al sol. Creo en eso, aunque no sé cómo explicarlo. Sin esta ayuda de su parte, difícilmente habría dado el paso a una experiencia totalmente nueva como esta.

En ese momento, allí, en el cuarto 405, solo eso pasaba por mi mente: estaba dispuesto a que sucediera lo que tenía que suceder y mi mente no estaba analizando nada.

El grupo se me acercó. Era como si sus cuerpos formaran un túnel a través del cual estaba fluyendo el Espíritu, el cual latía en aquella habitación. Fluyó dentro de mí mientras estaba sentado, escuchando el cántico del Espíritu a mi alrededor. Ahora las lenguas se acrecentaron dentro de mí hasta un punto culminante, un punto musical, maravilloso. Abrí mi boca, preguntándome si fluirían desde adentro de mí, pero nada pasó. Sentí un entumecimiento en los labios y una opresión en la garganta.

De pronto, tuve la impresión de que, para hablar en lenguas, solo tenía que mirar hacia arriba. Esto sería un gesto de gozo; sin embargo, toda mi formación siempre me llevaba a acercarme a Dios con la cabeza inclinada. Es extraño, pero un gesto tan simple como levantar la cabeza se convirtió en un campo de batalla. Y pronto —quizá porque no obedecía lo suficientemente rápido— otra orden se hizo clara: no solo debía levantar la cabeza, sino también las manos, y debía gritar. Debía dar un grito de alabanza con todos los sentimientos que tengo dentro de mí. De inmediato, un rubor caliente y furioso me invadió: era exactamente lo que jamás haría.

Quizá porque era para mí algo repugnante, la cuestión fue claramente planteada como una cuestión de obediencia pura.

¿Qué importancia tenía levantar las manos en alto y pronunciar palabras de alabanza al Señor? Parecía algo insignificante, pero eso era lo que tenía que hacer y lo sabía. Era algo que parecía tonto, pero como dijo E. Stanley Jones, «tuve que darle la bienvenida a lo insensato de Dios».

Luego, con un arranque de voluntad, levanté las manos al cielo, giré el rostro completamente hacia arriba y grité con todas mis fuerzas: «¡Alabado sea el Señor!».

Eso fue lo que abrió la compuerta. Desde lo profundo de mí, desde lo más profundo de lo que mi voz podría llegar, surgió un torrente de sonidos de gozo. No fue algo hermoso, como las lenguas que estaban alrededor de mí; más bien tuve la impresión de que era algo feo: una explosión, un gruñido. Pero esto era sanidad, perdón, era amor, un amor demasiado profundo como para expresarse con palabras, y estalló en mí en forma de sonido, sin palabras. Después de ese esfuerzo desgarrador de voluntad, mi voluntad fue liberada, libre para elevarse y unirse con Él. No fue necesario por mi parte ningún otro esfuerzo consciente, ni siquiera para elegir las sílabas con las que expresar mi alegría; todas estaban allí, listas para mi uso, más abundantes de lo que mis labios y mi lengua podrían administrar.

No sentía que existiera una situación fuera de control: de hecho, nunca me sentí más dueño de mí mismo, ni más integrado, ni más en paz con las facciones en guerra dentro de mí. No podía detener las lenguas en ese instante, pero ¿quién querría hacerlo? No quería que terminaran jamás. Así seguí orando, riendo y libre, mientras el sol del poniente brillaba a través de la ventana y salían las estrellas.

CAPÍTULO XII

A través de la puerta roja

Los siguientes tres meses fueron en definitiva una larga sonrisa, un reír sin parar; un largo salto fuera de la cama cada mañana para afrontar el día. Nunca tuve tal período proactivo de bienestar. Tuve la visión de lo que podría ser un padre creativo: cuando los niños irrumpían en mi oficina, paraba de trabajar, contento de verlos, y cuando se iban yo regresaba a los negocios sin perder el ritmo. Si uno de los niños entraba en mi taller y hacía una alguna travesura ahí, yo gritaba a todo pulmón, claro, pero en mi enojo no había ningún rechazo hacia él.

Muchas manías psicológicas arraigadas —las cuales había venido arrastrando la mayor parte de mi vida para mantener a la gente a una distancia segura— desaparecieron completamente durante esos meses. Se puede decir que «volví a conocer» a los viejos amigos, pero ahora en un nivel enteramente nuevo, e hice nuevos sin la timidez que me era característica.

La lectura de la Biblia se tornó en una experiencia dentro de una nueva dimensión. Descubrí algo interesante: puedes encontrar en la Biblia a aquellas Personas de la Divinidad con las que has tenido un encuentro. Por años solo «vi» al Padre en las Escrituras. Luego, después de la experiencia en el hospital, encontré al Hijo. Y ahora era el Espíritu Santo. Era una aventura fenomenal: eran palabras en las que había centrado mi vista toda la vida, pero que nunca las había entendido. Por primera vez en mi vida tenía un acercamiento a los Evangelios y al libro de los Hechos como escritos descriptivos y no poéticos. Leí las historias de milagros, demonios, sanidades, espíritus, todo con una mirada completamente nueva.

Las reuniones en la iglesia tomaron para mí un nuevo significado. Por primera vez entendí lo que quería decir el salmista al escribir: «Yo me alegré con los que me decían: A la casa de Jehová iremos» (Salmos 122:1). Simplemente me gustaba estar en la iglesia, el edificio mismo, la congregación, el servicio. Recuerdo que la santa cena celebrada en Navidad me pareció usualmente breve para mí. Lo comenté a Tib al salir. Ella me miró extrañada y dijo: «Hemos estado aquí por dos horas». Y yo, que siempre había sido el Señor Inquietud, podría haber permanecido allí por otras dos horas más.

Durante este período usé mi nuevo lenguaje también. Hubo dos tipos de ocasiones en las que pareció surgir de forma natural. Uno de estos tipos fue en respuesta a la belleza. Recuerdo que una mañana de enero en particular, cuando cada ramita de cada árbol estaba cubierta de hielo, miré desde la ventana de mi recámara ese mundo resplandeciente, y me pareció que era cosa sencilla expresar lo indescriptible sólo con el sonido. Esta experiencia empezó a ocurrir con bastante frecuencia. Sucedía algo conmovedor, algo que antes me habría provocado un escalofrío en la columna, pero que ahora provocaba la reacción de las lenguas. Reconocí el fenómeno como una clase de alabanza sin palabras. Era la alabanza que —en algún sentido misterioso— me permitía participar en la belleza, o la plenitud o la majestad que había percibido. Encontré que esta forma de responder a la belleza me hacía más sensible para poder realmente apreciarla.

El otro tipo de ocasiones espontáneas fue cuando intercedía. Recuerdo orar en lenguas una noche por un hombre en la iglesia cuya esposa nos había confiado que él no podía conciliar el sueño. Eso fue todo lo que dijo, y como yo apenas conocía al hombre, era inútil intentar ofrecer una oración inteligente por él.

Las tres de la mañana me desperté, y estando despierto vino a mí la convicción de que el problema del hombre era un viejo resentimiento en contra de uno de los que trabajaban con él. Que él nunca había perdonado la ofensa que esta persona le había infringido, y no solo eso, sino que tenía que ir y decírselo personalmente. No pude regresar a dormir hasta que resolví hacerlo.

A la fría luz de la razón, al día siguiente, esto parecía un procedimiento temerario y presuntuoso. ¿Qué posible excusa podría dar para entrar en la vida de un hombre con una pregunta así? Traté de cumplir mi promesa de la noche anterior llamado a la secretaria del sujeto para pedir una cita con él «a la hora que más juzgara apropiada». No funcionó, pues ese hombre, con todo lo ocupado que era, tenía una hora libre esa misma tarde, y a las tres de la tarde en punto estaba sentado en su oficina temeroso debido a mi locura. «Bill», le dije, «tendrás que perdonarme si estoy haciendo algo mal, pero he tenido una sensación muy extraña...», luego le expliqué la idea que tenía, esa que me había despertado.

Cuando terminé Bill estaba sentado, teniendo su mirada fija en sus manos. Podía escuchar a su secretaria tecleando en la oficina. La campanilla de la máquina de escribir había sonado cuatro veces antes de que Bill contestara.

«¿Cómo es posible que usted sepa esto?», dijo Bill. Luego, por los siguientes dos meses, Bill y yo nos reunimos para comer una vez por semana. No hablé mucho. De hecho, no hice más que escuchar. Sin embargo, poco a poco, el problema que Bill había estado enfrentando comenzó a resolverse, y en el proceso, Bill llegó a tener una nueva visión del Espíritu Santo, ya que, por supuesto, tenía que decirle cómo fue me intenté contactar con él desde el principio.

Un problema más delicado me fue presentado justo en medio de esto: una tarde Tib entró corriendo a mi oficina para decirme que la hija adolescente de un amigo muy cercano había intentado suicidarse. Ella en ese momento estaba en el hospital, en estado crítico. Tib y yo queríamos orar, pero no teníamos casi nada de información, incluso no sabíamos de qué manera ella había intentado quitarse la vida.

Una vez más usé las lenguas, recordando las palabras de Pablo: «Porque si yo oro en lengua desconocida, mi espíritu ora, pero mi entendimiento queda sin fruto. ¿Qué, pues? Oraré con el espíritu, pero oraré también con el entendimiento; cantaré con el espíritu, pero cantaré también con el entendimiento» (1 Corintios 14:14-15).

Aquí Pablo no estaba concurriendo a ningún gran misterio: él solo está orando con otra parte de su composición. Él sabía que él era en parte un hombre racional y como tal debía orar usando la lógica. Pero también él funcionaba en un nivel diferente, un nivel que tenía poco que ver con la razón. Pablo llamó a esta parte *su espíritu*; hoy alguien lo podría llamar *lo inconsciente* o *subconsciente*. Pablo completó su vida de oración permitiendo que el lado profundo y no verbal de su personalidad también orara. ¿No era esto lo mismo que yo hice al orar por esta chica? Anhelaba su salud con mi mente, pero también lo anhelaba con mi espíritu.

Cuando llegamos al hospital ya había sido borrada de la lista de las personas en estado crítico. Llevamos a su madre a casa y estuvimos tres horas con ella. Podíamos ver que la sanidad física era solo un ángulo de la oración que nosotros podríamos elevar a favor de esa familia. Entre más escuchábamos el problema, más complejo nos parecía. Otra vez, como había sido con Bill, nuestra función no era aconsejar (de hecho, no teníamos nada que decir ni nada que hacer). Nuestra función era mantener constantemente el problema en el marco de la oración, y en estos casos, sabía que las lenguas eran invaluables.

Estas oraciones eran como un escudo protector alrededor de mi propia falibilidad, impidiéndome caer en esta situación de vida o muerte con mis propias opiniones. Mientras nuestra amiga hablaba yo mantenía silencio, y continuaba en oración en lenguas por ella, por su esposo distanciado, por su hija. Y esta oración en lenguas fue la vía para que Dios entrara en la situación, evitando así que mi mente falible abordara el problema.

Pero junto con todos estos beneficios del bautismo, había un inconveniente. El libro. Allí estaba yo, en medio de lo que se suponía que sería un libro objetivo respecto al Movimiento de las lenguas, y yo mismo me había convertido en un partidario sin límites. Inevitablemente, observé el cambio en el tono del libro. Yo no quería simplemente describir: ahora urgía, argüía, y trataba de persuadir. No había nada que hacer sino hacer el manuscrito a un lado hasta que pudiera recobrar el balance, o admitir que jamás podría recobrarlo.

Jean Stone dice: «Todo mundo tiene derecho a ser fanático por seis meses después de su bautismo». Decidí dale más tiempo. Han pasado cuatro años desde esa maravillosa experiencia en Atlantic City. Creo que el tiempo me ha ayudado a sacudirme y a darle proporciones; mis opiniones respecto a este tema se han recapitulado, y espero, continúan con cierta objetividad. Durante este tiempo, el cambio principal ha sido en mi actitud respecto al bautismo en el Espíritu Santo y hacia el hablar en lenguas. Con cada año me he vuelto menos emocional respecto a esto, pero más convencido de su valor.

De ninguna manera ha sido un desarrollo simple o directo. He descrito la primera oleada de alegría y plenitud que siguió al bautismo como una experiencia que duró tres meses. No estoy seguro de cuánto tiempo pasó, pero algo así como otros tres meses después, tuve una reacción repentina y violenta centrada principalmente en las lenguas: comencé a sospechar que yo era quien generaba todo el asunto. De hecho, a menudo pronunciaba sílabas sin sentido en un esfuerzo por iniciar el flujo de la oración en lenguas. Sin embargo, a veces el flujo fácil y sin esfuerzo nunca llegaba. Me quedaba escuchando el sonido de mi propia locura. Era obvio para mí que el Espíritu Santo no era parte de esos ruidos: la ridiculez del asunto me invadía, y de allí no había mucho que decir al preguntarme si el Espíritu Santo había sido alguna vez parte de las lenguas.

Los pentecostales se convirtieron en una piedra de tropiezo para mí en ese tiempo. Su exuberancia no me había molestado seriamente mientras estuve mirándolos desde afuera. Pero ahora estaba adentro, ¿y qué pensarían los demás de mí al verme con esos tipos extraños? Recuerdo que fui a un desayuno de pentecostales en donde había un fotógrafo tomando fotos para el artículo de una revista. Toda la mañana traté de mantenerme fuera del alcance del lente. Por suerte, había advertido con antelación sobre estas reacciones. La advertencia había llegado de Lidia. Le había escrito sobre mi bautismo y, en su siguiente viaje a Nueva York, nos vimos para almorzar.

Luego de escuchar mi historia, ella preguntó: «John, ¿recuerdas cuál fue la primera cosa que hizo Jesús después de su bautismo? Él fue al desierto, ¿cierto?» «Más aún, apenas fue visitado por el Espíritu Santo cuando fue tentado por el diablo. ¿Ya sucedió eso contigo?».

Puse mi tenedor en el plato, mostrando interés, y dije: «Tal vez. Continúa».

«Tú descubrirás», continuó Lidia, «que cuando te encuentras con el Espíritu, también tienes un encuentro con el diablo. Es un hecho cierto y definitivo que este ataque ocurrirá. Le sucedió a Cristo y el modelo sigue vigente. Lo único que puedes hacer es estar preparado para ello.

«La tentación», dijo Lidia, «usualmente toma la forma de duda, tal vez la duda de que el Espíritu realmente vino. O tal vez se manifiesta como una reafirmación de la propia voluntad y de la autosuficiencia... Creo que esa tentación no fue por accidente; creo que el Espíritu Santo, deliberadamente permitió que sucediera. Él quiere que le eches una mirada fría y racional a tu experiencia. Y luego, cuando llegues al otro lado, la experiencia del bautismo será tuya, no solo como un regalo, sino como el botín de la batalla».

Tuve que luchar contra la duda y el orgullo, y otros asaltantes de mi salud recientemente adquirida; sin embargo, descubrí que los enemigos más feroces del Espíritu dentro de mí no son los pecados activos, sino los pasivos: el pecado de omisión, indiferencia, inercia. No tuvo que pasar mucho tiempo —desde que estuve familiarizado con el Espíritu Santo— para que me diera cuenta que Su presencia no nos convierte en autómatas. Él estará con nosotros tanto como activamente lo deseemos, trabajemos por su presencia y anhelemos Su compañía.

Uno de los más claros indicadores de que el Espíritu Santo es una persona, y no algo así como una fuerza automática, es el hecho de que Él se puede agraviar. «Y no contristéis al Espíritu Santo de Dios, con el cual fuisteis sellados para el día de la redención». He visto que hay al menos dos maneras de contristar o agraviar al Espíritu. Una de ellas es no hacer lo propio con nuestra vida interior y de esta manera no ser buena compañía para Él. Él simplemente se irá por un tiempo si no le gusta el conjunto de pensamientos que mantenemos. Y la segunda es por negligencia. Nuestra relación con Él es como la amistad: necesita ser cultivada, ejercitada, disfrutada, de otra manera no crecerá y terminará por extinguirse. Contristé al Espíritu de ambas maneras, y Él se apartó. Sin embargo, en el proceso, aprendí que no quiero estar sin Él y comencé a buscar formas de invitarlo para que regresara.

Gracias a Dios por la Iglesia del Señor durante este período. Allí estuvo para mí, funcionando como debe, incluso con su naturaleza algo mecánica y con los altibajos de los miembros individuales. Íbamos todos los domingos a la iglesia y sabíamos que ser constantes en ello traía una cualidad espiritual que es importante. Nuestra iglesia en particular no es aquella a la que le guste hacer experimentos innovadores, pero tampoco era necesario pasar por los vaivenes cíclicos de la gente que vive de experimentos. La iglesia estaba ahí: sólida, sobria, formal, maravillosa.

Encontré también que era importante ser regular en mi oración privada durante la semana. Nuestro amigo David Wilkerson diezma su tiempo en oración. De las 24 horas del día, David ora dos horas y media. Yo lo intenté. Dividí el tiempo en cinco bloques. Temprano en la mañana, a media mañana, al medio día, luego al atardecer, y en la noche. Períodos de media hora cada uno. La disciplina es más de lo que puedo sostener todavía, pero sé por tal experiencia, que hay un gran poder en la idea monástica de reforzar el día con periodos regulares de oración. Fue durante el tiempo de este experimento que sentí más consistentemente la presencia y el poder del Espíritu.

Tampoco estaba sorprendido, pues recordaba la experiencia que tuve el día del bautismo; así que sabía que la obediencia jugaba un papel esencial al tratarse de la presencia del Espíritu Santo. Vislumbro con esto algo más grande de lo que puedo lograr. ¿Qué sería de nuestra vida al vivir el día entero en completa obediencia a la voluntad del Espíritu? ¿Su «voz apacible y delicada» se haría más clara con el paso del tiempo? Debo cultivar el hábito de escuchar esa voz.

Sin embargo, lo que estos cuatro años me han dado es un mejor entendimiento de lo que realmente tuvo lugar en el cuarto 405. En el momento mismo del bautismo en el Espíritu Santo hubo una impresión abrumadora: fui bañado en amor, rodeado y limpiado por este. No sé por qué no se había hablado más de esto en lo que había leído sobre el tema. Quizá porque nos preocupa más el aspecto del poder del Espíritu Santo. Pero la naturaleza de este poder —estoy convencido de ello—, es el amor. Era muy parecido al amor que experimenté cuando me encontré con Cristo en el cuarto de hospital, con la excepción de que esta vez, era activo, dinámico, me impulsaba a responder, mientras que el amor que conocí en el hospital era de una presencia más silenciosa, un amor que no demandaba nada.

Una vez que me di cuenta de esto, tuve la respuesta a un enigma que me tenía desconcertado. A través del Nuevo Testamento, los términos «Espíritu Santo», «Espíritu de Cristo» y «Espíritu de Dios» son usados casi intercambiablemente. La gente que conocían a Cristo y que conocían al Espíritu Santo obviamente equiparaban los dos. «Y atravesando Frigia la provincia de Galacia, les fue prohibido por el Espíritu Santo hablar la palabra en Asia; y cuando llegaron a Misia, intentaron ir a Bitinia, pero el Espíritu no se lo permitió» (Hechos 16:6-7). «Mas vosotros no vivís según la carne, sino según el Espíritu, si es que el Espíritu de Dios mora en vosotros. Y si alguno no tiene el Espíritu de Cristo, no es de él» (Romanos 8:9).

La razón de este intercambio de personalidades quedó clara una vez que conocí al Espíritu Santo. Era tanto como conocer a Cristo; y el común denominador era el amor. La gente que ha conocido a Cristo ha tenido la experiencia de encontrarse con el amor, y cuando esta misma gente se encuentra con el Espíritu Santo, ellos sienten que han tenido *otro* encuentro con el amor. Cuando ellos hablan del Espíritu de Cristo —intercambiándolo con el nominativo *Espíritu Santo*— están haciendo de forma instintiva lo que los teólogos hicieron más tarde usando la lógica: afirmando que estos son uno y el mismo Dios. La única diferencia es el aspecto.

Hubo un segundo acertijo que fue respondido con este descubrimiento. Hay una muy antigua relación en el pensamiento cristiano entre el Espíritu Santo y la *santificación*. Pablo dice que Dios nos ha «escogido desde el principio para salvación, mediante la santificación por el Espíritu» (2 Tesalonicenses 2:13). El papel clásico del Espíritu Santo de Dios es de aquel que «me santifica [a mí], y a toda la gente de Dios». El perfeccionismo wesleyano y sus hijos espirituales, los distintos Movimientos de santidad de finales de 1800 pusieron énfasis en lo que llamaron «la segunda bendición», o el bautismo en el Espíritu Santo, una experiencia que santifica a las personas.

El punto aquí es que existe la muy antigua idea de que el Espíritu Santo funciona en nuestras vidas no solo dándonos poder como cristianos sino también purificando nuestras vidas y guiándonos a la santidad. Debo admitir que cierto tipo de cristianos santos siempre me han rechazado. Nunca he podido explicar por qué me hacen sentir incómodo, quizá porque piensan que estoy lejos de ser santo, o si es porque en realidad están cometiendo un grave error al suponer que son santos cuando en realidad son santurrones. Sin embargo, tengo también que admitir que he conocido algunos cristianos que no hacen alarde de ser muy santos y que siento que viven en un nivel diferente al mío. Estas son personas que viven con tal calidad, que me parece que eso es precisamente de lo que se trata la santidad. Ellos no enfatizan en la bondad [que muestran] sino en su esperanza, no señalan mis defectos, ni los contrastan con su «vida santa», ellos señalan mi potencial.

Creo que Cristo tuvo esta clase de santidad, de otra manera Él no hubiese sido atractivo para hombres rudos como Pedro, ni mundanos como Mateo. El ingrediente secreto en esta clase de santidad —en esta que transforma—, he llegado a la conclusión, es el amor. Cuando estuve en contacto con el amor —en la experiencia contundente del bautismo en el Espíritu Santo— yo fui limpiado, reconstruido y sanado. Tuve contacto con una clase de sanidad que jamás imaginé tener. En inglés, la palabra sanidad es *wholeness*, la cual es una combinación de *holy* (santo) y *health* (salud), y estas son derivadas del mismo vocablo anglo-sajón *hāl*, que significa *completo*. Este es el tipo de santificación que proviene del contacto con el amor de Cristo mediante el Espíritu Santo.

Hay también otro resultado de este contacto. E. Stanley Jones, cuando él recibió el bautismo en el Espíritu Santo en el campus de

Asbury College, se trasformó de ser un estudiante del cristianismo, a ser un maestro de este.

«Fue cuando aprendí la diferencia entre ser un discípulo y ser un apóstol», él me dijo. «Uno es pasivo, el otro es activo. El discípulo es un hombre que se sienta a los pies de Cristo. Un apóstol es un hombre que sale por causa de Cristo a recorrer el mundo. Un misionero, si así lo quieres llamar; aunque un misionero no tiene que ir más allá de la puerta del vecino. El punto aquí es que esta experiencia del bautismo en el Espíritu Santo convierte al pasivo en activo».

Debe ser visto de ese modo. Yo lo viví en mi propia experiencia. El episodio con Bill —ir a verlo y tratar con sus problemas, incluso preocuparme lo suficiente como para mencionarlo a él en primer lugar en mis oraciones— eran acciones completamente ajenas al carácter de la persona que siempre fui. Y este fue solo uno de muchos otros casos. Yo, egocéntrico, introvertido, preocupado por mis propios problemas, de pronto me vi esforzándome por conocer a otras personas, preocupado por sus vidas, y buscando ayudarles. Y tan pronto como alguien se pone esa meta, las posibilidades de ser usado por Dios son infinitas. Dentro de los siguientes dos años después de la experiencia en Atlantic City, Tib y yo estuvimos en África con nuestros niños por todo un año, enseñándoles [de la Palabra], trabajando y viviendo entre una tribu de la cual nunca habíamos escuchado antes.

La experiencia del Dr. Frank Laubach con el Espíritu Santo lo transformó completamente, y este se convirtió en el más grande alfabetizador del mundo. A continuación, esto es lo que dice al respecto:

Cuando Cristo anduvo en esta tierra, Su ministerio estuvo limitado a un lugar y a cierto período de tiempo. Él era un solo Hombre que caminaba junto a un mar, en un pequeño rincón de la tierra. Él sanó todo aquel que tocó, pero su toque estuvo necesariamente limitado al tiempo y al espacio.

Ahora bien, ¿es razonable que el Padre enviara a su Hijo para realizar tan limitado ministerio? No creo que esto sea una opción. Él más bien vino a abrir el camino para el trabajo del Espíritu Santo, y nosotros debemos completar Su misión. Nosotros somos sus manos multiplicadas,

Sus pies, Su voz y Su corazón compasivo. Imperfecto y parcial, sin duda, pero su Cuerpo sanador es igual. Y es a través del Espíritu Santo (el amor de Cristo, el cual está en todas partes a la vez) que recibimos el poder para continuar el trabajo de los apóstoles. Este es un pensamiento desafiante y serio: cuando recibimos el Espíritu Santo en nuestras vidas, recibimos el mismo sentido de urgencia, y la misma fuerza vivificante que guio a nuestro Maestro.

Parece ser un hecho psicológico en la naturaleza humana que para dar tenemos que recibir primero. «Nosotros le amamos a él, porque él nos amó primero» (1 Juan 4:19). Pero también es verdad que una vez que recibimos este amor hay una necesidad igualmente imperiosa de dar lo que hemos recibido. De hecho, instintivamente sentimos que esa es la única manera de mantener ese amor en nosotros.

El bautismo en el Espíritu Santo es un don de amor, uno que jamás antes hubimos recibido. La consecuencia natural de esto es ser impulsado hacia el mundo mediante el poder de este amor desbordante, buscando oportunidades para compartir lo que nos ha sido dado.

CAPÍTULO XIII

Uniendo lo viejo con lo nuevo

¿Cómo se supone que deberíamos compartir estas cosas en el pueblo donde vivimos y en la iglesia que asistimos? En mi caso —y creo que es un caso típico— me pareció que había tres posibilidades:

1. Permanecer en mi iglesia, predicando la evidencia pentecostal.
2. Dejar mi iglesia y unirme a un grupo pentecostal.
3. Permanecer en mi iglesia, no decir nada de esta experiencia, y mantener compañía con los pentecostales por fuera.

Elegir entre una de estas tres no es algo simple. Mi pequeña congregación episcopal, asentada en uno de los suburbios conservadores de Nueva York, era típica en el sentido de que muy pocos miembros de esta había escuchado del bautismo en el Espíritu Santo. Ellos habían escuchado suficiente del hablar en lenguas mediante los titulares de artículos de revistas, estaban enterados de que este tipo de sucesos se estaban presentando por todo el país; y posiblemente, la mayoría de ellos se decía: «Espero no suceda aquí también».

Una y otra vez había observado las tensiones que se creaban cuando un miembro de una de las iglesias tradicionales recibía el bautismo y luego regresaba a su parroquia. Allí venía, caminando sobre resortes, ansioso por compartir esta cosa maravillosa que le había sucedido. Tal vez olvidada que él mismo había pasado por una lenta evolución en su punto de vista, desde un escepticismo cauteloso acerca de la experiencia pentecostal hasta una creencia plena en ella. En muchas ocasiones, en su entusiasmo, él olvidada establecer una estrategia básica, y su gran valentía, en lugar de ayudar a su comunidad, bloqueaba su habilidad para alcanzar a los demás.

Existe otro efecto del bautismo: puede también crear problemas. El bautismo en el Espíritu Santo es una experiencia religiosa enormemente vigorizante, es decir, llena a la gente de energía. Si esta energía no se canaliza a áreas constructivas, es probable que se consuma en una especie de carrera frenética. He visto gente llena del Espíritu quienes constantemente están abordando jets y viajando con rapidez por todo el país, emprendiendo misiones diversas para el Espíritu Santo. Este tipo de hiperactividad no dirigida nunca dejó de parecerme a la vez heroica y triste: heroica, porque el individuo realmente está dando de su tiempo y de sus recursos (los boletos de avión son caros), y triste porque el gasto termina siendo, de alguna manera, egocéntrico.

Entonces hay un problema peculiar cuando se crea un nuevo carismático o pentecostal en el sentido de que este sea realmente un cristiano efectivo: su entusiasmo hiere a algunos, atrae otros y pronto existen dentro de la iglesia unos pro pentecostalismo y otros contrarios.

Al final, terminé por elegir la tercera opción: regresé quietamente a mi iglesia, hablaba de mi experiencia cuando se daba el caso, y mantuve compañía con mis amigos pentecostales por fuera en todas partes. No obstante, esta no es una buena solución tampoco. Si creo en la importancia del bautismo en el Espíritu Santo, como es mi caso, ¿no tengo la obligación de hablar de ella donde quiera y en todo momento que pueda?

Este es el problema que encaran miles hoy, en la medida en que el movimiento carismático se extiende. Tal como están las cosas, es irresoluble. La experiencia pentecostal no encaja en la vida de las iglesias tradicionales. Sin embargo, ¿es posible cambiar las cosas? Las sugerencias que daré a continuación asumen que sí. Quienes han tenido la experiencia esperan el día en que este aparente conflicto pueda convertirse en un diálogo constructivo entre la libertad y el orden, la juventud con la madurez. Para hacer que ese día llegue, hay algunas cosas que debemos hacer.

Para quienes hemos sido bautizados con el Espíritu Santo:

Miremos con atención, incluso con agradecimiento, las críticas que se dirigen contra nosotros. Estas pueden tener inmenso valor para ayudarnos a usar este valiosísimo don de Dios más efectivamente. Pongamos especial atención a la cuestión del tiempo. Creo que tenemos la tendencia a ser impacientes, como si el suministro del pentecostés dependiera de nosotros y no de Cristo. Es Cristo quien bautiza, y forzarlo o apresurarlo podría ser señal de una falta de perspectiva o una falta de fe. O incluso una falta de humildad, ¿nos sentimos tentados a agregar a otro más a nuestro bando?

Recordemos que los dones del Espíritu fueron dados para la edificación de la Iglesia (vea Efesios 4:12) y no solo para el uso privado de los individuos. Debemos aceptar todo lo que se nos da teniendo ese entendimiento, si queremos evitar crear pequeñas camarillas de «elite» y vernos así separados del resto de la Iglesia. Las fortalezas y debilidades de la Iglesia son nuestras también.

Veamos el uso de las lenguas bajo el mismo lente. A favor de su práctica, es interesante notar que la «lista de patrocinadores», por decirlo de algún modo, incluye a Pedro, Santiago, Juan, Andrés, Felipe, Tomás, Bartolomé, Mateo, la madre de Jesús y Pablo. Sin embargo, este mismo Pablo vio claramente los peligros en el uso indisciplinado de las lenguas. Él estableció instrucciones explícitas de cómo deberían ser usadas, donde, por quienes y con qué propósito, instrucciones que todos los que hablamos en lenguas deberíamos de releer de cuando en cuando (vea 1 Corintios 14).

Preocupémonos más del fruto del Espíritu en nuestras vidas. Este fruto, tal es detallado en Gálatas 5 consiste en: amor, gozo, paz, paciencia, benignidad, bondad, fe (o fidelidad), mansedumbre y templanza. ¿Cuál es la clase de personalidad que produce la combinación de estas cualidades? Produce una persona centrada en los demás, quietamente enérgica, humilde, buena escucha, confiada, aunque también empática y llena de gozo. ¿Es esta la descripción de un pentecostal o carismático? Con frecuencia, sí. Y cuando esto es así, él o ella mismo(a) es una publicidad andante que promueve la experiencia pentecostal.

Sin embargo, el bautismo en el Espíritu Santo no precisamente abre la puerta a una nueva vida. ¡No envuelve ni otorga esa nueva vida por sí mismo! Depende de ti y de mí. Veamos nuevamente la función de la estructura en la religión. Para la mayoría de nosotros, el descubrimiento de la espontaneidad en el culto es una revelación vivificante y nos ponemos ansiosos cuando alguien sugiere imponer un orden predeterminado en las reuniones de oración en el Espíritu. Pero, ¿no olvidamos que tener una estructura es esencial en el crecimiento verdadero? Si el crecimiento de las cosas requiriera solo energía sin planificación, nunca veríamos productos finales tales como robles o seres humanos o vidas espirituales.

Ahora, algunas sugerencias para los feligreses quienes no han tenido todavía la experiencia:

Ninguno de nosotros quiere ser parte de una moda pasajera, ni tampoco queremos quedarnos al margen de un gran movimiento de Dios. Supongo, como Gamaliel, que una actitud ideal sería algo así como esto: «Si este consejo o esta obra es de los hombres, se desvanecerá; mas si es de Dios, no la podréis destruir, no seáis tal vez hallados luchando contra Dios» (Hechos 5:38-39). ¿Quién tiene la razón, aquellos que dicen que los pentecostales están al extremo marginal de la religión, o aquellos —como el Dr. Van Dusen de la Union— que sienten que son parte del impulso central de nuestros tiempos? La pregunta es tan importante que las iglesias gastan tiempo y dinero en reportes exhaustivos de la actividad carismática en sus áreas.

Las cualidades que manifiestan los pentecostales son las que todas las iglesias piden en oración. Mayor vigor, mayor entusiasmo, más volver a los inicios, a la iglesia primitiva. Pero si estas son las cosas que toda iglesia quiere, ¿en dónde radica el problema?

En primer lugar, creo que se debe al hecho de que el Espíritu Santo se ha vuelto, en muchas tradiciones de la Iglesia, cada vez más una persona fantasmagórica y sombría, de modo que realmente no estamos preparados para recibirle. Hechos hecho de la Persona más poderosa en la tierra un objeto abstracto, y el encuentro con la realidad será una verdadera conmoción.

Por otro lado, todo ministro quiere y debe ser el líder de su propia comunidad cristiana; sin embargo, la experiencia del bautismo —que los feligreses dan testimonio que es un punto de inflexión religioso en sus vidas—, llega desde afuera; por lo que muchos ministros se rehúsan a encontrar una solución ecuménica al asunto. Ellos piensan más en la iglesia local (o denominación particular) que en la Iglesia universal. También, lo que en una escala es una experiencia que viene de fuera, en otra escala es simplemente la experiencia compartida de la iglesia.

Y claro, a menudo lo primero que sirve como piedra de tropiezo son las lenguas, solo porque es algo «anormal». Quizá sea útil saber que nueve décimas del desagrado que siente la gente es simplemente por falta de familiaridad. Durante nuestra estancia en África, Tib y yo tuvimos la oportunidad inusual de conocer hombres y mujeres quienes podrían recordar cuándo escucharon la historia cristiana por primera vez. ¡Era algo escandaloso para ellos pensar que Dios nació en un pesebre, sufrió hambre y fue clavado en la cruz! Grosero inapropiado, desagradable, todos los adjetivos que nosotros mismos habíamos aplicado a las lenguas, ellos los usaron para este extraño Evangelio. Y algo muy cierto es que las lenguas, luego de que la sensación de ser «algo extraño» ha desaparecido, no resultan desagradables. De hecho, con frecuencia escucharlas en un deleite.

Si la experiencia carismática se ha presentado en algunos de tus miembros, ¿por qué no (mientras te decides al respecto) los pones a trabajar? ¿Se ocupa fregar los pisos? ¿Se necesita reparar una banqueta agrietada? Sé de muchos pentecostales que hacen esa clase de tareas en las iglesias y han encontrado un desfogue a su desborde de energía. Los pentecostales piden en oración ser llenos de poder. ¿Por qué no realizar algunos experimentos para averiguarlo? Da a los carismáticos que hay entre ustedes una encomienda de oración. Cuando una iglesia en Nueva York organizó recientemente una campaña de afiliación, los miembros de la congregación llenos del Espíritu se turnaron para orar las 24 horas del día. La campaña tuvo gran éxito ¿tuvieron algo que ver estas oraciones?

También ponlos a testificar de Cristo. Jesús vinculó esto con el bautismo: «Pero recibiréis poder, cuando haya venido sobre vosotros el Espíritu Santo, y me seréis testigos en Jerusalén, en toda Judea, en Samaria, y hasta lo último de la tierra» (Hechos 1:8). ¿Por qué no dejas que tus pentecostales tomen parte en la evangelización de la iglesia?

No estoy hablando de predicar sobre la experiencia del pentecostés. Cristo no dijo: «Prediquen del bautismo en el Espíritu Santo». Nunca ha sido la función del Espíritu llamar la atención para sí mismo. El bautismo no es nada sino un medio para un propósito, este es siempre Cristo.

¿Y qué de los enfermos en la iglesia? Siempre estoy bastante impresionado con la relación estrecha que existe entre el bautismo y la sanidad divina. En Chicago, un ministro bautista lleno del Espíritu es conocido por los capellanes de varios hospitales como un hombre cuyas oraciones traen resultados. Tal vez un poder como este está disponible en tu iglesia.

El punto aquí es que los carismáticos pueden ser integrados en el mundo real y las necesidades reales de la iglesia. La mayoría de ellos realizan este trabajo —cuando es bien recibido, necesario y debidamente canalizado— y lo hacen con discreción y tacto.

Esto no significa que tal servicio dentro de una iglesia tradicional satisfará todas las necesidades del hermano o hermana que ha sido bautizado. El pentecostal ha descubierto un valor infinitamente valioso en la adoración con libertad dirigida por el Espíritu, y todos los llenos del Espíritu que yo conozco (que han permanecido en sus iglesias no pentecostales), también asisten con regularidad a otras reuniones fuera de sus congregaciones (por ejemplo, los miércoles por la noche o los sábados por la mañana una vez por mes), y esto lo hacen para «cargar» sus energías.

Debo decir que esto último es parte de la necesidad que todos tenemos —una necesidad universal— de orden y libertad. La mayoría de nosotros administramos estas dos necesidades manteniendo el orden en nuestra vida religiosa y teniendo libertad para ir a los partidos de pelota, y a los mítines políticos. Esta es la descripción del servicio del Templo en Jerusalén (Salmos 150):

Alabad a Dios en su santuario;
Alabadle en la magnificencia de su firmamento.
Alabadle por sus proezas;
Alabadle conforme a la muchedumbre de su grandeza.

> Alabadle a son de bocina;
> Alabadle con salterio y arpa.
> Alabadle con pandero y danza;
> Alabadle con cuerdas y flautas.
> Alabadle con címbalos resonantes;
> Alabadle con címbalos de júbilo.
> Todo lo que respira alabe a JAH.
> Aleluya.

En virtualmente todas las religiones antes de la era moderna, esta exuberancia era parte integral de la adoración. En nuestra estancia en África, Tib y yo fuimos a la inauguración de una catedral anglicana en Mbale, Uganda. Después de un servicio formal majestuoso dentro del nuevo edificio, algunas de las mismas personas que salieron, hicieron sonar los tambores tribales y se dieron a danzar como un acto de acción de gracias y de triunfo. Era realmente imposible escucharlos sin aplaudir y zapatear. Esta parte de nosotros se expresará finalmente en algún lado; y de hecho es una pérdida si estas expresiones se confinan a lo secular.

Me causa mucha sorpresa la manera en que la gente considerada conservadora abraza la libertad en la adoración. Recientemente convencimos a uno de nuestros vecinos de edad adulta para que asistiera a un servicio pentecostal entre semana. En el servicio hubo de todo: aplausos, gritos, cánticos vigorosos; y yo volteé a ver cómo es que nuestro vecino estaba tomando todo esto. Para mi sorpresa, él estaba aplaudiendo como el que más. Él captó mi mirada y gritó por encima de las cabezas que estaban en medio: «¿Por qué no?».

Y esto es verdad, ¿por qué no? Necesitamos libertad al tiempo que estructura. Las iglesias tradicionales han enfatizado en lo primero, y los pentecostales en lo segundo. ¿Habrá algún inconveniente en combinar ambas cosas? En Parkersburg, Pennsylvania —una comunidad rural cerca de Lancaster—, existe una antigua iglesia presbiteriana en donde el *statu quo* fue perturbado (cosa que, por cierto, se convirtió en el arquetipo de muchas otras iglesias). Cada sábado por la noche, la iglesia celebra un servicio de alabanza y oración. El hijo del pastor dirige la alabanza con su banda musical; pero también, hay oraciones espontáneas, intercesiones y acciones de gracias por la congregación. Ahí recurren gente de lugares tan distantes como Washington, D.C. y abarrotan el sótano del edificio, celebrando un servicio que dura hasta bien entrada la noche: presbiterianos, metodistas, bautistas, episcopales...

Entonces llega el domingo, y el servicio de las once de la mañana brilla con todo el colorido de la tradición de la iglesia. En cuanto al decoro, ese servicio no tiene diferencia entre ningún otro de su denominación, excepto quizá que las bancas están un poco más juntas, los cánticos más avivados y la predicación inusualmente más inspirada. Esta iglesia presbiteriana es una en la cual el orden y la libertad fueron recibidas, y el resultado es este: la han hecho más fuerte. No hace mucho tiempo hablé con uno de los teólogos líderes del país: el presidente emérito del Seminario Princeton, el Dr. John Alexander Mackay.

«Si tengo que elegir», me dijo, «entre la vida tosca de los pentecostales y la hermosa muerte de las iglesias viejas, yo, por mi parte, elijo la vida tosca».

Pero ¿qué sin tiene que existir tal elección? ¿Qué pasaría si pudiera haber una síntesis en un plan superior de ambas, de modo que en nuestras iglesias tuviéramos la forma y la vida creciendo juntas glorificando a Dios? ¿Qué si el Pentecostés llegara a la iglesia hoy mismo?

EPÍLOGO

Desde entonces... cuarenta años después

Cuando los editores de la editorial me pidieron recientemente que escribiera una actualización del libro *Hablan en otras lenguas*, a 40 años de su publicación, mi primera reacción fue esta: ¿realmente han pasado 40 años? Fui a mi librero, saqué una copia del libro y busqué la fecha de publicación. Y sí, el libro *Hablan en otras lenguas* tuvo su primera aparición en 1964.

En sí, tanto tiempo generó en mí un problema. ¿Cómo resumir cuatro décadas en una página? Tal vez, la mejor manera sería observar las preguntas que más frecuentemente la gente nos había hecho respecto a nuestras vidas desde los eventos descritos en el libro.

Definitivamente la pregunta más frecuente tenía que ver con Tib. La gente quería saber si ella también fue bautizada en el Espíritu Santo. La respuesta es sí... eventualmente. Como relaté en el capítulo 11, Tib facilitó tremendamente las cosas aquella tarde en Atlantic City. Ella abandonó el cuarto en donde aquellos amigos estuvieron orando por mí, tomando consigo nuestra objetividad de reporteros, y permitiéndome enfocarme en lo que estaba presenciando yo, sin preocuparme por tomar el papel de periodista; todo esto me liberó para entrar en esta experiencia subjetiva, y después de ello, el bautismo pudo tener lugar.

Hubo consecuencias importantes para mí y para Tib. El manuscrito original del libro, casi completo cuando tuve mi bautismo, tendría la firma de ambos, cosa que habíamos preferido muchas veces antes, y que hemos seguido practicando. Pero después de que «revelé nuestro secreto», como dijo Tib, en el cuarto 405, el bautismo para mí ya no era un tema de estudio «extraño», sino un encuentro intensamente personal. Por tanto, Tib y yo decidimos darle una nueva forma al manuscrito a fin de incluir nuestras experiencias; y puesto que es mejor contar historias desde un solo punto de vista, era más conveniente que fuese solo yo quien firmara como autor luego de terminar el libro (aunque Tib jugó un papel muy importante en todo el proceso de redacción). Y aquí es donde pudimos haber confundido nuestro plan con el de Dios. Cuando empezamos a trabajar en el nuevo enfoque, Tib sintió firmemente que, ya que uno de nosotros (yo) estaba totalmente eufórico, el otro (ella) tenía que mantener una mirada editorial fía respecto al proyecto. A medida que nuestras investigaciones continuaron, muchas veces la gente solicitaba orar para que Tib recibiera el bautismo en el Espíritu. Sin embargo, ella siempre dijo que no. Luego, cuando la redacción del libro estuvo finalizada; cuando el libro estuvo ya en la imprenta, Tib sintió que este era el tiempo correcto para buscar activamente el bautismo. No sucedió nada. Pasaron meses, luego años, y Tib no solo se sentía melancólica sino culpable. Ella había dicho no a Dios, insistiendo en cumplir su agenda, y ahora Él parecía estarle diciendo *no* a ella.

Sin embargo, esta no es la manera en que Dios trata con nuestros errores (si este fue un error). Antes de que ella pudiera recibir este regalo de Él, Él tenía otro para ella: su sanidad de un antiguo bloqueo. Así como levantar las manos encima de la cabeza para alabar a Dios había sido un punto de resistencia para mí, había cierta frase —usada por muchos cristianos— que Tib se había resistido en usar. En su reciente autobiografía, titulada *All the way to heaven* [Hasta el cielo], ella describe su desconfianza en las frases (o recetas) religiosas en general. Allí, ella dice:

> Una fórmula en particular me irritaba bastante, tanto que estuve a punto de descartar por ella un buen proyecto. Esta fórmula estaba contenida en la pregunta ¿*eres salvo?*
>
> Esta división en blanco y negro de la raza humana —de los que estaban dentro y de los que estaban fuera— contradecía todo lo que había aprendido de Dios... «¿Cómo alguien puede hablar de la salvación como si fuese un interruptor de prendido y apagado?», balbuceé a John una vez.

Pero fue en el punto mismo del rechazo —como suele suceder— donde Dios estaba esperando encontrarse con Tib. Cerca de la finalización del libro, ella escribió respecto a una tarde en la oficina de *Guidepost*, algunos años después de que se publicara *Hablan en otras lenguas*. Jean Stone, quien conocimos cuando realizábamos nuestra investigación, había llegado a Nueva York para sugerirle a Tib la publicación de una historia. Ella continúa diciendo en su libro:

> Hablamos sobre ello, y en eso Jean miró su reloj. «Tengo que tomar un tren». «Te acompañaré al ascensor», le dije. Conversamos en el pasillo, y entonces Jean me preguntó: «Tib, ¿eres salva?». Y lo preguntó con el mismo todo de cortesía e interés con que acababa de preguntar cómo estaban los niños.
>
> Esta era la primera ocasión en mi vida que había escuchado tal pregunta. Jean Stone es una persona bien educada que habla con suavidad. Mientras ella me formulaba la pregunta en voz baja, no escuché ninguna «receta», y ningún juicio objetivo que ella estuviese impulsando.
>
> Escuché la palabra *salva* como la definición que me dio el diccionario cuando lo consulté más tarde durante el día: *guardar intacto algo o alguien*. Jean me había lanzado esta pregunta —la que antes me había disgustado tanto— de una forma que no me molestó, más bien, me pareció ser una frase inclusiva y no divisiva. Había escuchado la palabra *salvo* y sonó para mí como *amada* [¿eres amada?].
>
> «¡Sí!», le dije en el momento que iba llegando el ascensor, «¡lo soy!». Jean se fue, y yo caminé de vuelta a mi escritorio. Mis pies caminaban, pero mi alma estaba danzando, dando piruetas en el cielo. Luego, me sentí apreciada, valorada, custodiada... entonces vino...

Tib, al sentir la alegría de su propia salvación, vino a ella, de manera espontánea, el derramamiento de una lengua celestial. Allí en el pasillo, sin pedir por el bautismo, sin las oraciones de un grupo o de alguno que impusiera manos sobre ella, a Tib le fue dada la gloriosa llenura del Espíritu y un lenguaje de oración en lenguas fluido y hermoso que ella ha usado desde entonces.

Así que, cuando nos preguntan si Tib ha recibido el bautismo con el Espíritu Santo, la respuesta resonante es **sí**, en el tiempo especial de

Dios y en el lugar que Dios tenía para ella, todo diferente a mi caso, pues cada bautismo es distinto. Hemos estado juntos durante todas las aventuras que se han presentado durante estos 40 años.

Han sido aventuras tranquilas. A ninguno de los dos nos gustan mucho las grandes convenciones, aunque las reuniones de los Hombres de Negocios del Evangelio Completo siempre ocuparán un lugar especial en nuestros afectos, ya que fue en una de ellas donde recibí mi propio bautismo. Pero si a nosotros no nos gustan las reuniones grandes, se nos pregunta cómo encontramos expresión para esta nueva dimensión en nuestras vidas. Desde el principio hemos preferido reuniones más pequeñas y personales de personas llenas del Espíritu. Las encontramos donde quiera que vamos, en nuestro país y en el extranjero; son grupos de personas comprometidas que se reúnen sin fanfarrias para buscar orientación y empoderamiento a medida que realizan el trabajo de la iglesia. A menudo se hacen cargo de tareas difíciles y poco reconocidas que atraen a pocos reclutas. Enseñando en el centro de la ciudad, construyendo una escuela en Nicaragua, atendiendo pacientes de SIDA... y todo ello lo hacen con la alegría que da el Espíritu.

Durante los siguientes diez años desde la publicación de *Hablan en otras lenguas*, un grupo de oración se reunía cada semana en nuestra sala. Era un grupo carismático en composición y práctica, aunque cada persona continuaba en su propia denominación. Éramos presbiterianos, católicos romanos, episcopales, metodistas, y cada uno enfatizábamos en el servicio dado a nuestras iglesias sin fomentar en lo absoluto algún sentimiento separatista.

Nuestro énfasis era siempre la intercesión. Nos reuníamos para cantar, alabar y estudiar la Biblia, pero mayormente para interceder por las necesidades de las que teníamos conocimiento. Era un grupo fluido, ya que vivimos en un suburbio con una rotación constante de población. Las nuevas caras hacían que nos enfrentáramos a problemas más diversos y más contemporáneos, en comparación con cualquier otra ciudad típica. Nuestras familias, amigos y vecindario enfrentaban fracasos matrimoniales, alcoholismo, drogadicción, el fallecimiento de niños, enfermedades, problemas sexuales, pérdida de trabajo, crisis nerviosa, etc. Una por una, en tanto estas oportunidades de intercesión fueron presentándose, les administramos los dones del Espíritu. Algunas situaciones fueron resueltas felizmente, otras no, pero siempre supimos que estábamos usando la herramienta más efectiva que existe: la oración en el Espíritu.

Aunque la gente de nuestro grupo de oración ahora sirve en remotas partes del país y del mundo, siempre estamos en contacto. Y mediante ellos podemos contestar otra pregunta que con frecuencia nos hacen a Tib y a mí: ¿Qué diferencia a largo plazo genera la experiencia? Estas reuniones semanales tuvieron como fruto una serie vidas cambiadas:

Un hombre, estrella en ascenso en *The Reader's Digest*, dejó su trabajo para estudiar en un seminario; hoy lidera una congregación en New Hampshire. Una mujer volvió a ejercer la abogacía, la cual había dejado cuando sus niños nacieron. Ella se consagró a defender a clientes indigentes. Otro miembro de nuestro grupo regresó a la escuela para convertirse en un terapista, y ahora trabaja con alcohólicos. Otra más, una mujer, cuyos siete hijos todavía están en casa (los suyos y uno de una hermana que había fallecido) obtuvo un doctorado en filosofía y fue pionera de un centro de investigaciones en biología en el Beth Israel Hospital de la ciudad de Nueva York. Cuando los niños crecieron, aceptó un puesto de profesora en una facultad de medicina en una nación pobre caribeña.

Para todas estas personas el llamado continúa: la intercesión. Ellos simplemente añadieron manos y pies a sus oraciones. ¿Y qué de mí y Tib? ¿Qué cambio hubo en nuestros ministerios a raíz del grupo de oración? Una mañana, temprano, a cinco años de la publicación de *Hablan en otras lenguas*, me desperté con lo que me pareció una visión. Fue una «fotografía» en blanco y negro enfrente de mis ojos, nítida, perfectamente clara. Mostraba seis personas: Len LeSourd, Catherine Marshall, Dick Schneider, Van Varner, Tib y yo, todos sentados alrededor de una mesa sobre la cual había una pila de libros. Debajo de la fotografía a blanco y negro parecía haber una publicidad de algún tipo que decía: *buscamos por todo el mundo historias reales de Dios obrando hoy para traerlas a ti*. A partir de este comienzo, con el apoyo y la dirección de nuestro grupo intercesor, surgió Chosen Books Publishing Company, de la cual han surgido títulos tales como la historia de Corrie ten Boom *The Hiding Place* [El refugio secreto] y *Born Again* [Nacido de nuevo] de Chuch Colson. Todas las personas en la fotografía de la visión se unieron eventualmente a Tib y a mí en la compañía, y al impresionante impacto que los cientos de títulos de la compañía ha traído; un impacto tan inesperado como lo fue la visión inicial.

Hay otras preguntas. ¿Qué si todavía somos episcopales? Sí, todavía. ¿Qué si asistimos a una iglesia episcopal carismática? No, nosotros continuamos en nuestra iglesia local de St. Mark's, Mount Kisco, Nueva York. Aunque nuestro trabajo nos mantiene lejos de casa un 60% del tiempo —o quizá por estar tan frecuentemente entre extraños—, esta iglesia a la que vamos desde 1959 significa más y más para Tib y para mí a medida que pasan los años. St. Mark's es una iglesia litúrgica, lo que significa que la Eucaristía es el centro de nuestro culto a Dios. Tib y yo encontramos que esta combinación de la Eucaristía (la cual celebramos dos veces a la semana: los domingos y el miércoles a las 6:45 a. m.), aunado a una dieta regular de lectura bíblica y a las reuniones del grupo pequeño impregnadas por el Espíritu, proveen el balance que nosotros necesitamos en nuestras vidas.

¿Que si todavía hablamos en lenguas? Definitivamente. Orar en el Espíritu es gran parte de nuestra experiencia tanto en la intercesión como en la alabanza. Cuando estamos intercediendo, las lenguas son la provisión perfecta de Dios para esos tiempos cuando simplemente no sabemos cómo orar, ya sea por los problemas inimaginables que el mundo encara o por situaciones de miseria personal. Recuerdo nuestro dilema cuando la madre de Tib —a la que apodamos la Abuelita gozosa de nuestros niños— tenía 84, en su última enfermedad. Su mente estaba más nítida que nunca, pero su cuerpo desfallecía. No era capaz de alimentarse sola, apenas si podía sentarse y aun batallaba para respirar.

A nosotros nos parecía que la Abuelita gozosa anhelaba irse, pero ninguno de nosotros podía contemplar la posibilidad de orar para que ella muriera. Así que recurrimos al recurso dado por Dios de la oración en el Espíritu, la cual sobrepasa nuestros entendimientos; confiando en que Él pronunciaría la oración perfecta para nosotros.

Nuestro hijo Donn, su esposa, Lorraine, y su inquieta Lindsay volaron desde Florida de manera que la Abuelita gozosa pudiera conocer a su bisnieta. Cuando la enfermera indicó que la Abuelita gozosa estaba cansada, Donn, Lorraine y yo abandonamos el cuarto. Pero Tib (con Lindsay en sus brazos) se quedó, orando en silencio en el Espíritu. Lindsay comenzó a zafarse, y Tib, pensando que ya era tiempo de irse, se puso de pie y se dirigió a la puerta; pero la bebé, en lugar de ir con ella hacia afuera, se dirigió directamente hacia donde estaba sentada su bisabuela en su silla de ruedas.

La Abuelita gozosa era una extraña para Lindsay. El entorno del asilo de ancianos, la figura encorvada de la Abuelita gozosa y su rostro bellamente arrugado podría haber sido aterradores para Lindsay. Pero Lindsay acercó su pequeña manita a la mejilla de la Abuelita gozosa y comenzó a acariciarla, una y otra vez. Mientras el tiempo pasaba, y las dos permanecían en un contacto sin palabras, parecía a Tib que Dios estaba mostrando a la bebé no una mujer anciana y enferma, sino una niñita de ojos muy abiertos, tal como fue la Abuelita gozosa al principio —y no al final— de su vida. Días más tarde, la Abuelita gozosa se fue pacíficamente. Para Tib y para mí, el contacto que ella tuvo con Lindsay fue la perfecta respuesta a la oración perfecta del Espíritu.

Y cuando una ocasión exige alabanza y agradecimiento más allá de nuestras posibilidades, las lenguas son el recurso perfecto. Un tiempo así llegó para mí en el verano de 2003, cuando 41 de nosotros nos reunimos en una cabaña en las montañas de Adirondack para una reunión familiar. Todos ellos se habían reunido para celebrar mi cumpleaños número 80. Los números redondos te toman por sorpresa: miré a mi alrededor y me di cuenta de que ahora soy el miembro más viejo tanto de la familia de Tib como de la mía. Y mirando a mi esposa («mi esposa de 55»), a nuestros tres hijos, a nuestros tres hijos políticos, a nuestros ocho nietos (los cuales rondan entre los 10 y 25 años), pensé en los años que me han sido concedidos en la tierra desde aquella visión luminosa de Jesús en mi cuatro de hospital. Recordé los tiempos de gozo, las vidas que han tocado la mía, y el trabajo que me ha sido permitido hacer. Recordé las tristezas y las pérdidas también.

La suma de todo esto es la demostración de la gran bondad de Dios. La gratitud creció dentro de mí hasta el punto que apenas pude contenerla, y las lenguas fueron el único camino para expresarla. Debido a que Tib y yo siempre consideramos esto como una forma privada de adoración, pronuncié las sílabas entrecortadas en silencio. Aunque luego encontré un rincón entre los árboles y las expresé en voz alta, alabándole por lo que Él es y agradeciéndole por sus muchos regalos, y por darme un lenguaje de oración con el cual exaltar su Nombre.

***

John y Elizabeth Sherrill son [fueron] coautores de numerosos best-sellers, incluyendo *La cruz y el puñal*; *El contrabandista de Dios*; *El refugio secreto*; y *La gente más feliz de la tierra*. Después de reunirse a bordo del Queen Elizabeth, se casaron en Suiza en 1947. Por cuatro años ellos trabajaron como escritores viajeros en Europa antes de unirse al personal de *Guidepost*, donde sirvieron como editores itinerantes por más de 50 años.

En 1970 fundaron Chosen Books Publishing Company, empresa dedicada a encontrar y reportar historias cristianas de inspiración alrededor del mundo. Su trabajo les ha llevado a los cinco continentes, incluyendo proyectos de un año de duración en África y Sudamérica, en donde sus tres niños asistieron a escuelas locales.

La historia personal de Elizabeth —en la que narra sus luchas y crecimiento espirituales—, *All the way to Heaven* [Hacia el cielo] se publicó en 2001.

La familia Sherrill ha crecido, y actualmente incluye a ocho nietos y un bisnieto. Hoy John y Elizabeth continúan viajando por el mundo reportando los hechos asombrosos del Espíritu Santo en el siglo 21.[13]

---

[13] Nota del traductor: los esposos Sherrill están ya en la presencia del Señor; John murió en 2017 a la edad de 94, y Elizabeth (Tib) en 2023, a los 95.

OTROS RECURSOS DE LA EDITORIAL PALABRA PURA

www.palabra-pura.com
https://autores.palabra-pura.com/

Autor: The Aguillon Family Foundation
Este comentario a los Romanos es fruto de dedicados escritores seleccionados de del mundo hispano de reconocida experiencia pastoral, erudición y capacidad literaria, los cuales han proporcionado un entendimiento muy poderoso de cada uno de los pasajes contenidos en este libro.

Autor: *Tomás de Kempis*
La versión aquí presentada de este libro cristiano clásico es el resultado de muchas horas de trabajo de traducción y edición del equipo de la Editorial Palabra Pura. Su labor tuvo como fin presentar al público un libro de máxima claridad, redactado en un español contemporáneo; una obra que fuese la edición más acorde con las exigencias lingüísticas españolas, y que a la vez, conservara toda su pureza de significado.

Autor: *Dietrich Bonhoeffer*
Este libro es considerado uno de los libros cristianos de más influencia en toda la historia. Su título en inglés, *The Cost of Discipleship* ha vendido cientos de miles de copias y ha sido uno de los libros más apreciados desde el siglo XX.
La versión aquí presentada es única, jamás antes publicada en español en su versión completa, los 32 capítulos). Tiene además notas explicativas e información que nos lleva a un mejor entendimiento de todo el libro.

OTROS RECURSOS DE LA EDITORIAL PALABRA PURA
www.palabra-pura.com
https://autores.palabra-pura.com/

Autor: *Samuel Guajardo*
Los buenos modales y las buenas costumbres del Cristiano habla del cuidado personal, del trato con el sexo opuesto, del respeto; de la etiqueta al tomar los alimentos, del vestir, del cuidado de los animales, de los roles en el matrimonio y en la familia, y en general, de la forma en que debemos comportarnos para tener relaciones humanas armoniosas.

Autor: *Eliud A. Montoya*
Las 16 doctrinas fundamentales explicadas es un libro práctico, resultado de muchos años de investigación bíblica y cotejo con innumerables escritos respecto a **la doctrina cristiana pentecostal trinitaria**. Por primera vez en idioma español existe un libro que contiene información precisa, ordenada, completa y escrita de manera tan magistral respecto a lo que creemos.

Autor: *Andrew Murray*
Este clásico de la literatura cristiana nos muestra con bastante claridad qué es la humildad, por qué es tan fundamental, cómo obtenerla y cómo perseverar en ella. Andrew Murray nos lleva por un recorrido bíblico —por la vida de Jesús y los escritos apostólicos— demostrándonos como el orgullo es la peor de las calamidades humanas, y la humildad, su gloria.

Otros recursos de la Editorial Palabra Pura

www.palabra-pura.com
https://autores.palabra-pura.com/

Autor: Manuel Bello
La resurrección de Jesús es uno de los libros contemporáneos más exhaustivos que se hayan escrito sobre el tema de la resurrección de Cristo. En este, Manuel Bello, Doctor en Medicina, utiliza sus conocimientos para explicarnos muchos puntos de vista que ninguno de nosotros había visto antes: que si de los actores en que está circunscrito el evento, que si de los ambientes y de los objetos; puntos de vistas físicos, psicológicos, y teológicos.

Autor: Andrew Murray
La sangre es el gran misterio del mundo; incluso es un gran misterio en la Biblia para muchos de nosotros. Sin embargo, algo es seguro: necesitamos el poder de la sangre de Jesús y el conocimiento que emana de las Sagradas Escrituras respecto a ella. En *El poder de la sangre de Jesús*, Andrew Murray descifra el significado de la sangre del Señor Jesucristo y su gran importancia en nuestras vidas.

Autor: Andrew Murray
En *La sanidad divina*, Murray contesta las preguntas: ¿Puede un cristiano ir con el médico o debe simplemente esperar a que se haga la voluntad de Dios? ¿Cómo debemos pedir a Dios por sanidad para ser escuchados y obtener la respuesta a nuestra oración? ¿Cuánto tiempo tardará Dios en responder? ¿Castiga Dios con enfermedad a los pecadores?, etc.

OTROS RECURSOS DE LA EDITORIAL PALABRA PURA

www.palabra-pura.com
https://autores.palabra-pura.com/

Autor: Arnoldo Granados
Liderazgo generacional es un libro de exploración bíblica, de descubrimiento y aprendizaje. Nos lleva por las cumbres y los valles del liderazgo bíblico: de aquellos personajes que fueron agentes de cambio con su liderazgo, y que dejaron un legado extraordinario para las generaciones subsecuentes. El libro contesta la pregunta: ¿qué es lo que el liderazgo generacional de los personajes bíblicos nos enseña cuando sus principios son aplicados al liderazgo de hoy?

Autor: Arnoldo Granados
En La Iglesia local y su poder en la comunidad, el Dr. Granados nos comparte sus conocimientos. Él es un experto en el tema. Obtuvo su doctorado en Fuller Theological Seminay (Pasadena, California), y ha aplicado con éxito todo aquello que nos comparte en su propia iglesia en Mission Viejo, California.

Autor: Eliud A. Montoya
En Los cinco temas de la oración de Cristo usted aprenderá qué es lo que el Señor Jesús está enseñando a sus discípulos respecto al tema de la oración cuando les dice: «Vosotros oraréis así...». El autor descubre cinco temas que son tratados por Cristo en la oración modelo, y ayuda a toda persona que desea hacer de su oración una oración eficaz.

La Editorial Palabra Pura está dedicada a crear materiales de educación cristiana para el estudio personal, la iglesia e institutos bíblicos. Usted puede consultar los recursos que ofrecemos en nuestra página web:

Palabra-Pura.com

Confiamos que la lectura de este libro haya sido de gran bendición para su vida. Mucho nos ayudará a seguir adelante si nos otorga tan solo un par de minutos para escribir un comentario positivo de este libro en la página de Amazon (no es necesario comprar un libro en Amazon para escribir su opinión o review).

Gracias por ser parte de nuestra comunidad de lectores y darnos el privilegio de servirle.

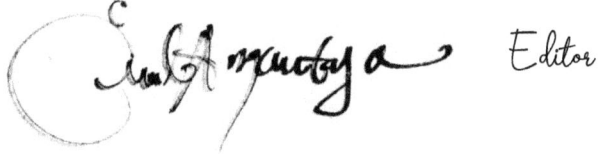 Editor

www.ingramcontent.com/pod-product-compliance
Lightning Source LLC
Chambersburg PA
CBHW070100080526
44586CB00013B/1133